GLESS 1973

ND COMTESSE

DE CHARNY

PAR

ALEXANDRE DUMAS

13

PARIS
ALEXANDRE CADOT, ÉDITEUR
37, rue Serpente
—
1855

LA COMTESSE DE CHARNY

Ouvrages de Paul Féval.

Le Tueur de Tigres.	2 vol.
Les Parvenus.	3 vol.
La Sœur des Fantômes.	3 vol.
Le Capitaine Simon.	2 vol.
La Fée des Grèves.	3 vol.
Les Belles de nuit.	8 vol.

Ouvrages de G. de la Landelle.

Le Château de Noirac.	2 vol.
L'Honneur de la Famille.	2 vol.
Les Princes d'Ébène.	5 vol.
Falcar-le-Rouge.	5 vol.
Les Iles de Glace.	4 vol.
Le Morne-aux-Serpents	2 vol.
Une Haine à bord.	2 vol.

Ouvrages d'Alexandre de Lavergne.

Il faut que jeunesse se passe.	3 vol.
Sous trois Rois.	2 vol.
La Princesse des Ursins.	2 vol.
Un Gentilhomme d'aujourd'hui.	3 vol.
Le dernier Seigneur de Village. } . . . . Le Secret de la Confession.	2 vol.

LA COMTESSE

DE CHARNY

PAR

ALEXANDRE DUMAS

 13

PARIS
ALEXANDRE CADOT, ÉDITEUR
37, rue Serpente
—
1855

I

Le champ de bataille.

Nous avons essayé de raconter les terribles événements qui s'étaient passés au Champ-de-Mars dans l'après-midi du 17 juin 1791. Essayons de donner une idée du spectacle que présentait le théâtre, après avoir mis sous les yeux de nos lecteurs celui du drame qui venait d'y être représenté et dont Bailly et La Fayette avaient été les deux principaux auteurs.

Ce spectacle était celui qui frappa un jeune homme vêtu en officier de la garde nationale, qui, après avoir longé l'extrémité de la rue Saint-Honoré, avait traversé le pont Louis-Quinze, et qui abordait le Champ-de-Mars par la rue de l'Université.

Ce spectacle, éclairé par une lune aux deux tiers de la période croissante et roulant entre de gros nuages noirs, dans lesquels elle se perdait de temps en temps, était lugubre à voir.

Le Champ-de-Mars avait l'aspect d'un champ de bataille couvert de morts et de blessés, au milieu desquels erraient comme des ombres des hommes chargés de jeter les morts à la Seine et de porter les blessés à l'hôpital militaire du Gros-Caillou.

Le jeune officier, que nous suivons depuis la rue Saint-Honoré, s'arrêta un instant à l'une des ouvertures donnant sur le Champ-de-Mars et joignant les mains avec un geste de naïve terreur.

— Jésus, Dieu! murmura-t-il, — la chose avait donc été pire encore, qu'on ne me l'avait dit!

Puis après un instant passé à regarder

l'étrange opération qui s'accomplissait, s'approchant de deux hommes qui portaient un cadavre du côté de la Seine :

— Citoyens, — leur demanda-t-il, — voulez-vous me dire ce que vous allez faire de cet homme ?

— Suis-nous, — répondirent les deux porteurs, et tu verras.

Le jeune homme les suivit.

Arrivés sur le pont de bois, les deux hommes balancèrent le cadavre en cadence, en comptant une, deux, trois, et au troisième coup ils jetèrent le cadavre à la Seine.

Le jeune homme poussa un cri de terreur.

— Mais que faites-vous donc, citoyens? demanda-t-il.

— Vous le voyez bien, mon officier, répondirent les deux hommes, nous déblayons le terrain.

— Et vous avez des ordres pour agir ainsi?

— Apparemment.

— De qui?

— De la municipalité.

— Oh! fit le jeune homme étonné.

Puis après un moment de silence et étant rentré avec eux dans le Champ-de Mars :

— Avez-vous déjà jeté beaucoup de cadavres à la Seine ?

— Cinq ou six, répondit un des deux hommes.

— Pardon, citoyens, — dit le jeune officier, — mais j'ai un grand intérêt à la question que je vais vous faire ; — parmi ces cinq ou six cadavres, avez-vous remarqué un homme de quarante-six à quarante-huit ans, cinq pieds cinq pouces à peu près, trapu, vigoureux, moitié paysan, moitié bourgeois ?

— Oh! par ma foi, — dit un des hommes, — nous n'avons qu'une remarque à faire, — c'est si les gens couchés là sont morts ou vivants ; — s'ils sont morts, — nous les jetons à la rivière ; — s'ils sont vivants, — nous les transportons à l'hôpital du Gros-Caillou.

— Ah ! — dit le jeune homme, — c'est que j'ai un de mes bons amis qui n'est pas rentré chez lui, et comme on m'a dit qu'il était ici, qu'on l'y avait vu une partie de la journée, j'ai bien peur qu'il ne soit parmi les morts ou les blessés.

Dame! dit l'un des deux porteurs en secouant un cadavre, tandis que l'autre l'éclairait avec une lanterne, — s'il était ici, il est probable qu'il y est encore ; — s'il n'est pas rentré chez lui, il est probable qu'il n'y rentrera pas.

Puis redoublant la secousse qu'il imprimait à ce corps qui gisait à ses pieds :

— Eh! cria l'homme de la municipalité, — es-tu mort ou vivant? — Si tu n'es pas mort, tâche de répondre.

— Oh! quant à celui-là, il l'est bien, dit le second, il a reçu une balle au beau milieu de la poitrine.

— Alors, à la rivière, dit le second porteur.

Et les deux hommes soulevèrent le cadavre et reprirent le chemin du pont de bois.

— Citoyens, — dit l'officier, — vous n'avez point besoin de votre lanterne pour jeter cet homme à l'eau, soyez assez bons pour me la prêter pendant que vous faites votre course ; — moi, pendant ce temps-là, — je chercherai mon ami.

Le jeune homme prononça les derniers mots avec une certaine emphase qui prouvait au moins une chose, — c'est qu'il regardait comme des plus honorables pour lui l'amitié de celui dont il venait demander des nouvelles.

L'homme à la lanterne consentit à la

demande, et la lanterne passa de ses mains dans celles du jeune officier, qui commença sa recherche avec un soin et une expression de physionomie qui indiquait qu'il avait donné au mort ou au blessé, dont il avait inutilement demandé des nouvelles, un titre qui sortait non-seulement des lèvres, mais du cœur.

Dix ou douze hommes armés comme lui de lanternes se livraient comme lui à la funèbre recherche.

De temps en temps, au milieu du silence, — car la terrible solennité du spectacle semblait, à l'aspect de la mort, éteindre la voix des vivants, — de temps en temps, au milieu du silence, un nom prononcé à haute voix traversait l'espace.

Parfois une plainte, un gémissement, un cri répondait à cette voix, mais le plus souvent elle n'obtenait pour réponse qu'un lugubre silence.

Le jeune officier, après avoir hésité, comme si sa voix était enchaînée par une certaine terreur, suivit enfin l'exemple qui lui était donné, et par trois fois cria :

— Monsieur Billot! monsieur Billot! monsieur Billot!

Mais aucune voix ne lui répondit.

— Oh! bien sûr qu'il est mort! murmura-t-il en essuyant avec sa manche les larmes qui coulaient de ses yeux ; — pauvre monsieur Billot!

En ce moment, deux porteurs passaient près de lui, emportant un cadavre vers la Seine.

— Eh! dit celui qui soutenait le torse et qui par conséquent était le plus près de la tête, — je crois que notre cadavre vient de pousser un soupir.

— Bon! dit l'autre en riant, — si l'on écoutait tous ces gaillards-là, il n'y en aurait pas un de mort.

— Citoyens, dit le jeune officier, par grâce, laissez-moi voir l'homme que vous portez.

— Oh! volontiers, mon officier, — dirent les deux hommes.

Et ils assirent le cadavre sur son derrière pour donner plus de facilité à l'officier d'éclairer son visage.

Le jeune homme approcha la lanterne et poussa un cri.

Malgré la blessure terrible qui le défigurait, il croyait avoir reconnu celui qu'il cherchait.

Seulement, était-il mort ou vivant?

Celui qui avait déjà fait la moitié du chemin vers son humide tombeau avait eu la tête fendue d'un coup de sabre; la blessure, comme nous l'avons dit, était terrible, elle avait détaché tout le cuir chevelu du pariétal gauche et le lambeau sanglant pendait sur la joue, laissant à découvert l'os du crâne; l'artère temporale avait été coupée, de sorte que tout le corps du blessé ou du mort était inondé de sang.

Du côté de la plaie, le blessé était méconnaissable.

Le jeune homme porta d'une main tremblante la lanterne de l'autre côté.

— Oh! citoyens! s'écria-t-il, c'est lui, c'est celui que je cherche, c'est M. Billot!

— Ah! diable! fit un des deux hommes; — eh bien, il est un peu avarié, votre M. Billot.

— N'avez-vous pas dit qu'il avait poussé un soupir?

— J'ai cru l'entendre, du moins.

— Eh bien, faites-moi un plaisir.

L'officier tira un petit écu de sa poche.

— Lequel? demanda le porteur plein de bonne volonté à la vue de la pièce de monnaie.

— Courez jusqu'à la rivière et apportez de l'eau dans votre chapeau.

— Volontiers.

L'homme se mit à courir du côté de la

Seine; le jeune officier avait pris sa place et soutenait le blessé.

Au bout de cinq minutes, le messager revint.

— Jetez-lui de l'eau au visage, dit le jeune homme.

Le porteur obéit, trempa sa main dans le chapeau, et, la secouant comme on fait d'un goupillon, en aspergea le visage du blessé.

— Il a tressailli! s'écria le jeune homme qui tenait le moribond entre ses bras, — il n'est pas mort. — Oh! cher M. Billot, quel bonheur que je sois arrivé là!

— Ah! ma foi oui, c'en est un bonheur,

dirent les deux hommes ; encore vingt pas et votre ami revenait à lui dans les filets de Saint-Cloud.

— Jetez-lui de l'eau une seconde fois.

Le porteur renouvela l'expérience ; le blessé frissonna et poussa un soupir.

— Allons, allons, dit le second porteur, décidément il n'est pas mort.

— Eh bien ! qu'allons-nous en faire ? dit le premier.

— Aidez-moi à le transporter rue Saint-Honoré, chez M. le docteur Gilbert, et vous aurez une bonne récompense, dit le jeune homme.

— Nous ne pouvons pas.

— Pourquoi?

— Nous avons ordre de jeter les morts à la Seine et de porter les blessés à l'hôpital du Gros-Caillou, puisqu'il prétend qu'il n'est pas mort et par conséquent nous ne pouvons pas le jeter à la Seine, — nous devons le porter à l'hôpital.

— Alors portons-le à l'hôpital dit le jeune officier et le plutôt possible seulement.

Il regarda tout autour de lui.

— Où est l'hôpital?

— A trois cents pas à peu près de l'Ecole Militaire.

— Alors c'est par là ?

— Oui.

— Nous avons tout le Champ-de-Mars à traverser ?

— En longueur.

— Mon Dieu ! n'avez-vous donc pas une civière.

— Dame ! ça peut se trouver, répondit le second porteur, c'est comme de l'eau et avec un petit écu...

— C'est juste, dit le jeune homme, vous n'avez rien eu vous. Tenez voilà un autre petit écu et trouvez-moi une civière.

Dix minutes après la civière était trouvée.

Le blessé y fut étendu sur un matelas, les deux porteurs s'emparèrent des brancards et le lugubre cortège s'achemina vers l'hôpital du Gros-Caillou, — escorté du jeune homme qui, sa lanterne à la main, se tenait à la tête du blessé.

C'était une chose terrible que cette marche nocturne sur un terrain inondé de sang, au milieu des cadavres immobiles et raides que l'on heurtait à chaque pas, — ou des blessés qui se soulevaient pour retomber en appelant lamentablement du secours.

Au bout d'un quart d'heure, on franchissait le seuil de l'hôpital du Gros-Caillou.

II

L'hôpital du Gros-Caillou.

A cette époque les hôpitaux et surtout les hôpitaux militaires étaient bien loin d'être organisés comme ils le sont aujourd'hui.

On ne s'étonnera donc pas du trouble qui régnait dans l'hôpital du Gros-Caillou et de l'immense désordre qui s'opposait à l'accomplissement des désirs des chirurgiens.

La première chose qui avait manqué c'était les lits, on avait alors mis en réquisition les matelas des habitants des rues environnantes.

Ces matelas avaient été posés à terre, et il y en avait jusque dans la cour.

Sur chacun de ces matelas était un blessé attendant du secours, mais les chirurgiens manquaient comme les matelas et étaient plus difficiles à trouver.

L'officier dans lequel nos lecteurs ont bien certainement reconnu notre vieil ami Pitou, obtint moyennant deux autres petits écus, qu'on lui laissât le matelas de la litière de sorte que Billot fut déposé assez doucement dans la cour de l'hôpital.

Pitou, pour prendre au moins à la situation le peu quelle avait de bon, avait fait déposer le blessé le plus près possible de la porte, afin de saisir au passage le premier chirurgien qui entrerait ou sortirait.

Il avait grande envie de courir dans les salles et d'en amener un, coute que coute — mais il n'osait quitter le blessé il avait peur, que sous le prétexte qu'il était mort, on pouvait s'y tromper sans mauvaise foi — on ne prit son matelas en jetant le prétendu cadavre sur le pavé de la cour.

Pitou était là depuis une heure, appelant à grands cris les deux ou trois chirurgiens, qu'il avait vu passer, sans qu'aucun d'eux répondit à ses cris, lorsqu'il vit un homme vêtu de noir éclairé par deux infirmiers et visitant l'une après l'autre toutes ces couches d'agonies.

Plus l'homme vêtu de noir, approchait de Pitou, plus celui-ci croyait le reconnaître — enfin lorsqu'il ne fut plus qu'à une vingtaine de pas de lui, tous ses doutes cessèrent et Pitou se hasardant à s'éloigner de quelques pas du blessé pour s'approcher d'autant du chirurgien, cria de toute la force de ses poumons.

—Eh! par ici M. Gilbert, par ici.

Le chirurgien, qui était en effet Gilbert, vint à la voix.

— Eh! c'est toi Pitou, — demanda-t-il?

— Mon Dieu oui M. Gilbert.

— As-tu vu Billot? demanda le docteur.

— Eh! monsieur le voilà, dit Pitou, montrant le blessé toujours immobile.

— Est-il mort? demanda le docteur.

— Hélas! cher Monsieur Gilbert, — j'espère que non, mais je ne vous cache pas qu'il n'en vaut guère mieux.

Gilbert s'approcha du matelas toujours accompagné de deux infirmiers, qui approchèrent leur lumière du visage du blessé.

— C'est à la tête, Monsieur Gilbert, disait Pitou, — c'est à la tête. Pauvre cher M. Billot, il a la tête fendue jusqu'à la mâchoire.

Gilbert regarda la plaie avec attention

— Le fait est que la blessure est grave murmura-t-il.

Puis se tournant vers les deux infirmiers.

— Il me faut une chambre particulière pour cet homme qui est de mes amis, — dit Gilbert.

Les deux infirmiers se consultèrent.

— Il n'y a pas de chambre particulière dirent-ils, — mais il y a la lingerie.

— A merveille, dit Gilbert, portons le à la lingerie.

On souleva le blessé le plus doucement possible, mais quelque précaution que l'on prit, — il laissa échapper un gémissement.

— Ah! dit Gilbert, — jamais exclamation de joie ne m'a fait un plaisir égal à ce soupir de douleur — il est vivant, c'est le principal.

Billot fut porté à la lingerie et déposé sur le lit d'un des employés, et aussitôt Gilbert procéda au pansement.

L'artère temporale avait été coupée et de là était venu cette immense perte de sang, — mais cette perte de sang avait amené la syncope et la syncope, en ralentissant les mouvements du cœur, avait arrêté l'hémorragie.

La nature en avait immédiatement profité pour former un caillot, lequel avait fermé l'artère.

Gilbert, avec une adresse admirable, lia d'abord l'artère avec un fil de soie, lava les chairs et les réappliqua sur le crâne.

La fraîcheur de l'eau et peut-être bien aussi quelque douleur plus vive, — occasionnée par le pansement, firent rouvrir les yeux à Billot, qui prononça quelques paroles empâtées et sans suite.

— Il y a eu ébranlement du cerveau murmura Gilbert.

— Mais enfin, dit Pitou, — du moment où il n'est pas mort, — vous le sauverez, — n'est-ce pas Monsieur Gilbert?

Gilbert sourit tristement.

— J'y tâcherai, dit-il, — mais encore une fois de plus, je viens de voir, mon cher Pitou, que la nature est un bien plus habile chirurgien, qu'aucun de nous.

Alors Gilbert acheva le pansement, — les cheveux coupés autant que la chose était possible, il rapprocha les deux bords de la plaie, les assujetit avec des bandelettes de diachylum et ordonna qu'on eût soin de poser le malade presqu'assis le dos, et non la tête appuyé contre la muraille.

Ce fut seulement alors, que tous ces soins accomplis, il demanda à Pitou comment il était venu à Paris, et comment étant venu à Paris, il s'était trouvé là, juste, à point nommé pour secourir Billot.

La chose était bien simple; depuis la disparition de Catherine et le départ de son mari, la mère Billot, qui n'avait jamais été un bien vigoureux esprit, était tombée dans une espèce d'idiotisme, qui avait toujours été s'augmentant, elle vivait, mais d'une façon toute machinale et chaque jour, quelque nouveau ressort de la pauvre machine humaine, ou se détendait ou se brisait, — peu à peu ses paroles étaient devenues plus rares puis elle avait fini par ne plus parler du tout. — Enfin elle s'était alitée et le docteur Raynal avait déclaré qu'il n'y avait qu'une seule chose au monde qui put tirer la mère Billot de cette torpeur mortelle, — c'était la vue de sa fille.

Pitou s'était aussitôt offert pour aller à Paris, ou plutôt il était parti sans s'offrir.

Grâce aux longues jambes du capitaine de la garde nationale d'Haramont, les dix-huit lieues qui séparent la patrie de Dumoustier, de la capitale, n'étaient qu'une promenade.

En effet, Pitou était parti, à quatre heures du matin et entre sept heures et demie et huit heures du soir il était à Paris.

Pitou était prédestiné à venir à Paris pour les grands événements.

La première fois il était venu pour assister à la prise de la Bastille, et y prendre part. — La seconde fois pour assister à la fédération de 1790. — La troisième fois il arrivait le jour du massacre du Champ-de-Mars.

Aussi trouva-t-il Paris tout en rumeur, c'était du reste l'état dans lequel il avait l'habitude de voir Paris.

Dès les premiers groupes qu'il renrencontra, il apprit ce qui s'était passé au Champ-de-Mars.

Bailly et Lafayette avaient fait tirer sur

le peuple, le peuple maudissait à pleins poumons — Lafayette et Bailly.

Pitou les avait laissé Dieux et adorés.

Il les retrouvait renversés de leurs autels et maudits, — il n'y comprenait absolument rien.

Ce qu'il comprenait seulement, c'est qu'il y avait eu au Champ-de-Mars, — lutte, — massacre, — tuerie à propos d'une pétition patriotique et que Gilbert et Billot devaient être là.

Quoique Pitou, eut, comme on dit vulgairement, ses dix-huit lieues dans le ventre il doubla le pas et arriva rue Saint-Honoré à la demeure de Gilbert.

Billot, on se le rappelle, demeurait dans la même maison.

Le docteur était rentré, mais on n'avait pas vu Billot.

Le Champ-de-Mars, au reste, disait le domestique qui donnait ses renseignements à Pitou, était jonché de morts ou de blessés, — cette nouvelle n'étonnait pas moins Pitou que ne l'avait étonné celle de Bailly et de Lafayette, — ces deux idoles du peuple, tirant sur le peuple.

Le Champ-de-Mars couvert de morts et de blessés ! Pitou ne pouvait se figurer cela. — Ce Champ-de-Mars qu'il avait aidé, lui dix millième, à niveler, que son souvenir lui rappelait plein d'illuminations, de chants joyeux, de gaies farandoles.

Couvert de mort et de blessés, parce qu'on avait, comme l'année précédente, voulu y fêter l'anniversaire de la prise de la Bastille et celui de la fédération !

C'était impossible.

Comment ce qui avait été un motif de joie et de triomphe, était-il devenu une cause de rébellion et de massacre ?

Quel esprit de vertige avait donc cette année passé par la tête des Parisiens ?

Nous l'avons dit, la cour avait repris, pendant cette année, grâce aux in-

fluences de Mirabeau, grâce à la création
du club des feuillants, grâce enfin à l'appui de Bailly et de Lafayette, grâce surtout à la réaction qui s'était opérée à la
suite du retour de Varennes, son pouvoir
perdu, et ce pouvoir se manifestait par le
deuil et par le massacre.

Le 17 juillet vengeait les 5 et 6 octobre.

Comme l'avait dit Gilbert, la royauté
et le peuple en était manche à manche.

Restait à savoir qui gagnerait la belle.

Nous avons vu comment, préoccupé
par toutes ces idées dont aucune d'ailleurs n'avait l'influence de ralentir sa

marche, notre ami Ange Pitou, toujours vêtu de son uniforme de capitaine de la garde nationale d'Haramont, était arrivé au Champ-de-Mars, par le pont Louis XV et la rue de l'Université, juste à temps pour empêcher Billot d'être pris pour mort et jeté à la rivière.

D'un autre côté, on se rappelle comment Gilbert, étant chez le roi avait reçu un billet sans signature, mais où il avait reconnu l'écriture de Cagliostro et dans lequel se trouvait ce paragraphe :

« — Laisse donc là ces deux condamnés qu'on appelle encore par dérision, le roi et la reine, et rends-toi, sans perdre un instant, à l'hôpital du Gros-Caillou, tu y trouveras un mourant moins malade qu'eux, car ce mourant peut-être pourras-tu le sauver, tandis qu'eux, sans que tu puisses les sauver, eux t'entraîneront dans leur chute. »

Aussitôt, comme nous l'avons dit, ayant appris par Madame Campan, que la reine qui venait de le quitter avec promesse de revenir à l'instant même, lui faisait dire qu'il était inutile qu'il l'attendît plus longtemps, — aussitôt Gilbert avait quitté les Tuileries, s'était mis en route et suivant le même chemin à peu près que Pitou, — avait longé le Champ-de-Mars, était entré à l'hôpital du Gros-Caillou et avait déjà, — éclairé par deux infirmiers, visité de lit en lit, de matelas en matelas, les salles, les corridors, les vestibules et même la cour, lorsqu'une voix l'avait appelé près de la couche du moribond.

Cette voix, nous le savons, c'était celle de Pitou ; — ce moribond c'était Billot.

Nous avons dit l'état dans lequel il il avait trouvé le digne fermier et les chances que présentait sa situation, — chances bonnes et mauvaises, mais dans lesquelles les mauvaises l'eussent certainement emporté sur les bonnes si le blessé eut eu affaire à un homme moins habile que le docteur Gilbert.

III

Catherine.

Des deux personnes que le docteur Reynal avait cru devoir prévenir de l'état désespéré de Madame Billot, l'une comme on le voit était retenue au lit dans un état voisin de la mort : c'était le mari.

L'autre personne seule pouvait donc

venir assister l'agonisante à ses derniers moments, — c'était la fille.

Il s'agissait de faire savoir à Catherine l'etat dans lequel était sa mère et même son père : seulement où était Catherine ?

Une seule personne devait le savoir, c'était le comte de Charny.

Pitou avait si doucement si bienveillamment été accueilli par la comtesse le jour où de la part de Gilbert il lui avait amené son fils, qu'il n'hésita point à s'offrir pour aller demander l'adresse de Catherine à la maison de la rue Coq-Héron, si avancée que fut l'heure de la nuit.

En effet onze heures et demie sonnaient à l'Ecole Militaire lorsque le pansement fini, — Gilbert et Pitou purent quitter le lit de Billot.

Gilbert recommanda Billot aux infirmiers, — il n'y avait plus rien à faire qu'à laisser agir la nature.

D'ailleurs il devait revenir le lendemain dans la journée.

Pitou et Gilbert montèrent dans la voiture du docteur qui attendait à la porte de l'hôpital : le docteur ordonna au cocher de toucher rue Coq-Héron.

Tout était fermé et éteint dans le quartier.

Après avoir sonné un quart d'heure, Pitou qui allait passer de la sonnette au marteau entendit enfin crier non pas la porte de la rue mais celle du concierge et une voix enrouée et de mauvaise humeur demanda avec un accent d'impatience auquel il n'y avait pas à se tromper :

— Qui va là?

— Moi, — dit Pitou.

— Qui, vous?

— Ah! c'est vrai, — moi, — Ange Pitou.

— Ange Pitou? — Je ne connais pas cela.

— Capitaine de la garde nationale.

— Capitaine, répéta le concierge, — capitaine.

— Capitaine, — répéta Pitou, — appuyant sur ce titre dont il connaissait l'influence.

En effet, le concierge put croire, dans un moment où la garde nationale avait, par son influence, complétement remplacée l'armée, — qu'il avait affaire à quelque aide-de-camp de Lafayette.

En conséquence d'un ton plus radouci, mais sans ouvrir la porte dont il se contenta de se rapprocher :

— Eh bien! monsieur le capitaine, demanda le concierge, que voulez-vous?

— Parler à M. le comte de Charny.

— Il n'y est pas.

— A madame la comtesse, alors.

— Elle n'y est pas non plus.

— Où sont-ils?

— Ils sont partis ce matin.

— Pour quel pays?

— Pour leur terre de Boursonne.

— Ah! diable, fit Pitou, comme se parlant à lui-même, — ce sont eux que j'aurai croisés à Dammartin, dans une voiture de poste. — Si j'avais su cela...

Mais Pitou ne le savait pas, de sorte qu'il avait laissé passer le comte et la comtesse.

— Mon ami, dit la voix du docteur intervenant à cet endroit de la conversation, — pourriez-vous, en l'absence de vos maîtres, nous donner un renseignement?

— Ah! pardon, Monsieur, dit le concierge, qui, par suite de ses habitudes aristocratiques, reconnaissait une voix de maître dans celle qui venait de lui parler avec tant de politesse et de douceur.

Et ouvrant la porte, — le bonhomme vint en caleçon et son bonnet de coton à la main — *prendre*, comme on dit en style de domesticité, *les ordres* à la portière de la voiture du docteur.

— Quel renseignement Monsieur désire-t-il? demanda le concierge.

— Connaissez-vous, mon ami, une jeune fille à laquelle M. le comte et madame la comtesse doivent porter quelque intérêt?

— Mademoiselle Catherine? — demanda le concierge.

— Justement, — dit Gilbert.
— Oui, Monsieur. — M. et madame la

comtesse ont été la voir deux fois, et m'ont envoyé souvent lui demander si elle avait besoin de quelque chose. — Mais, pauvre chère demoiselle, quoique je ne la croie pas bien riche, — ni elle ni son cher enfant du bon Dieu, — elle répond toujours qu'elle n'a besoin de rien.

A ce mot — enfant du bon Dieu, — Pitou ne sut s'empêcher de pousser un gros soupir.

— Eh bien, mon ami, dit Gilbert, le père de la pauvre Catherine a été blessé aujourd'hui au Champ-de-Mars, et sa mère se meurt à Villers-Cotterêts. Nous avons besoin de lui faire savoir cette triste nouvelle.— Voulez-vous nous donner son adresse?

— Oh! pauvre jeune fille! — Dieu l'assiste! Elle est pourtant déjà assez malheureuse. — Elle demeure à Ville-d'Avray, Monsieur, Grande-Rue; je ne saurais trop vous dire le numéro, mais c'est en face d'une fontaine.

— C'est tout ce qu'il faut, dit Pitou, je la trouverai.

— Merci, mon ami, dit Gilbert en glissant un écu de six livres dans la main du concierge.

— Il ne fallait rien pour cela, Monsieur, dit le vieux bonhomme, on doit, Dieu merci, s'aider entre chrétiens.

Et tirant sa révérence au docteur, il rentra chez lui.

— Eh bien! demanda Gilbert.

— Eh bien! répondit Pitou, je pars pour Ville-d'Avray.

Pitou était toujours prêt à partir.

— Sais-tu le chemin? demanda le docteur.

— Non, mais vous me l'indiquerez.

— Tu as un cœur d'or et un jarret d'acier, dit en riant Gilbert, mais viens te reposer, tu partiras demain matin.

— Cependant si cela presse.

— Ni d'un côté ni de l'autre il n'y a urgence, dit le docteur; l'état de Billot est grave, mais à moins d'accident imprévu, il n'est point mortel. — Quant à la mère Billot, elle peut vivre encore dix ou douze jours.

— Dame, monsieur Gilbert, dit Pitou, vous savez mieux cela que moi.

— Autant vaut donc laisser à la pauvre Catherine une nuit encore d'ignorance et de repos. — Une nuit de sommeil de plus pour les malheureux, c'est important, Pitou.

Pitou se rendit à cette dernière raison.

— Eh bien! alors, demanda-t-il, où allons-nous, monsieur Gilbert?

— Chez moi, parbleu! tu retrouveras ton ancienne chambre.

— Tiens, dit Pitou souriant, cela me fera plaisir de la revoir.

— Et demain, continua Gilbert, à six heures du matin les chevaux seront à la voiture.

— Pourquoi faire les chevaux à la voiture ? demanda Pitou, qui ne considérait absolument le cheval que comme un objet de luxe.

— Mais pour te conduire à Ville-d'Avray.

— Bon, dit Pitou, il y a donc cinquante lieues d'ici à Ville-d'Avray ?

— Non, il y en a deux ou trois, dit

Gilbert, à qui devant les yeux passaient comme un éclair de sa jeunesse les promenades qu'il avait faites avec son maître Rousseau dans les bois de Louveciennes, de Meudon et de Ville-d'Avray.

— Eh bien alors, dit Pitou, c'est l'affaire d'une heure ; — trois lieues, monsieur Gilbert, ça se gobe comme un œuf.

— Et Catherine, demanda Gilbert, — crois-tu qu'elle fasse les trois lieues de Ville-d'Avray à Paris et les dix-huit lieues de Paris à Villers-Cotterêts comme on gobe un œuf?

— Ah! c'est vrai, dit Pitou ; — excusez-moi, monsieur Gilbert, — c'est moi qui suis un imbécile. — A propos, et comment va Sébastien?

— A merveille. — Tu le verras demain.

— Toujours chez l'abbé Berardier?

— Toujours.

— Ah! tant mieux, — je serai bien content.

— Et lui aussi, Pitou, — car, ainsi que moi, il t'aime de tout son cœur.

Et sur cette assurance, le docteur et Ange Pitou s'arrêtèrent devant la porte de la rue Saint-Honoré.

Pitou dormit comme il faisait tout :

comme il marchait, comme il mangeait, comme il se battait, — c'est-à-dire de bon cœur, — seulement, grâce à l'habitude contractée à la campagne de se lever de grand matin, il était debout à cinq heures.

A six, la voiture était prête.

A sept, il frappait à la porte de Catherine.

Il était convenu avec le docteur Gilbert qu'à huit heures on se retrouverait au chevet du lit de Billot.

Catherine vint ouvrir et jeta un cri en apercevant Pitou.

— Ah! dit-elle, — ma mère est morte.

Et elle pâlit en s'appuyant contre la muraille.

— Non, dit Pitou, mais seulement si vous voulez la voir avant qu'elle ne meure, il faut vous presser, mademoiselle Catherine.

Cet échange de paroles, qui en peu de mots disait tant de choses, supprimait tout préliminaire et mettait du premier bond Catherine face à face avec son malheur.

— Et puis, continua Pitou, il y a encore un autre malheur.

— Lequel? demanda Catherine avec ce ton bref et presque indifférent d'une créature qui, ayant épuisé la mesure des douleurs humaines, ne saurait craindre que cette mesure s'augmente.

— Il y a que M. Billot a été dangereusement blessé hier au Champ-de-Mars.

— Ah! fit Catherine.

Seulement il était évident que la jeune fille était beaucoup moins sensible à cette nouvelle qu'à la première.

— Alors, continua Pitou, voilà ce que je me suis dit, et ça a été aussi l'avis de M. le docteur Gilbert : — mademoiselle Catherine fera, en passant, une visite à M. Billot, qui a été transporté à l'hôpital du Gros-Caillou, et de là elle prendra la diligence de Villers-Cotterêts.

— Et vous, monsieur Pitou? demanda Catherine.

— Moi? dit Pitou, j'ai pensé que, puisque vous alliez aider là-bas madame Billot à mourir, — c'était à moi de rester ici pour tâcher d'aider M. Billot à revivre.

Je reste auprès de celui qui n'a personne, vous comprenez, mademoiselle Catherine.

Pitou prononça ces paroles avec son angélique naïveté, sans songer que, par ces paroles, il faisait l'histoire toute entière de son dévouement.

Catherine lui tendit la main.

— Vous êtes un brave cœur, Pitou, lui dit-elle, venez embrasser mon pauvre petit Isidore.

Et elle marcha devant, car la courte scène que nous venons de raconter s'était passée dans l'allée de la maison, à la porte de la rue.

Elle était plus belle que jamais, pauvre Catherine, toute vêtue de deuil comme elle était.

Ce qui fit pousser un second soupir à Pitou.

Catherine précéda le jeune homme dans une petite chambre donnant sur un jardin, dans cette chambre qui, avec une cuisine et un cabinet de toilette, faisait tout le logement de Catherine, il y avait un lit et un berceau.

Le lit de la mère, le berceau de l'enfant.

L'enfant dormait.

Catherine tira un rideau de gaze et se rangea pour laisser les yeux de Pitou plonger dans le berceau.

— Oh! le beau petit ange! dit Pitou en joignant les mains.

Et, comme il eût fait en effet devant un ange, il se mit à genoux et baisa la main de l'enfant.

Pitou fut vite récompensé de ce qu'il venait de faire, il sentit flotter sur son visage les cheveux de Catherine, et deux lèvres se posèrent sur son front.

La mère rendait le baiser donné au fils.

— Merci, bon Pitou, dit-elle; depuis le dernier baiser qu'il a reçu de son père, personne que moi n'avait embrassé le pauvre petit.

— Oh! mademoiselle Catherine, murmura Pitou ébloui et secoué par le baiser de la jeune fille, comme il l'eût été par l'étincelle électrique.

Et cependant ce baiser était composé

simplement de tout ce qu'il y a de saint et de reconnaissant dans l'amour d'une mère.

IV

La Fille et le Père.

Dix minutes après, — Catherine, Pitou et le petit Isidore, roulaient dans la voiture du docteur Gilbert, sur la route de Paris.

La voiture s'arrêta à l'hopital du Gros-Caillou.

Catherine descendit, prit son fils dans ses bras et suivit Pitou.

Arrivée à la porte de la chambre, elle s'arrêta :

— Vous m'avez dit que nous trouverions le docteur Gilbert, près du lit de mon père.

— Oui, Catherine.

Pitou entr'ouvrit la porte.

— Et il y est effectivement, dit-il.

— Voyez si je puis entrer sans crainte de lui causer une trop forte émotion.

Pitou entra dans la chambre, interrogea le docteur et vint presque aussitôt retrouver Catherine.

L'ébranlement causé par le coup qu'il a reçu est tel qu'il ne reconnaît encore personne, dit le docteur.

Catherine allait entrer avec le petit Isidore entre ses bras.

— Donnez-moi votre enfant, mademoiselle Catherine, dit Pitou.

Catherine eut un moment d'hésitation.

— Oh! à moi, dit Pitou, c'est comme si vous ne le quittiez pas.

— Vous avez raison, dit Catherine.

Et comme elle eut fait à un père, avec plus de confiance peut-être, elle remit l'enfant à Ange Pitou, et s'avança d'un pas ferme dans la salle, marchant droit au lit du blessé.

Comme nous l'avons dit, le docteur Gilbert était au chevet du lit :

Peu de changement s'était fait dans l'état du malade, il était placé comme la veille, le dos appuyé à ses oreillers, et le docteur humectait à l'aide d'une éponge imbibée d'eau et pressée dans sa main, les bandes qui assujétissait l'appareil posé sur la blessure, malgré un commencement de fièvre inflammatoire bien caractérisée, le visage, vu la quantité de sang qu'il avait perdu, était d'une pâleur mortelle, l'enflure avait gagné l'œil et une partie de la joue gauche.

A la première impression de fraîcheur, il avait balbutié quelques mots sans suite en rouvrant les yeux, mais cette violente tendance vers le sommeil, que les médecins nomment *coma*, avait de nouveau éteint sa parole et fermé ses yeux.

Catherine, arrivée devant le lit, se laissa tomber sur ses genoux, et levant les mains au ciel.

— O mon Dieu ! dit-elle, vous êtes témoin que je vous demande, du plus profond de mon cœur, la vie de mon père.

C'était tout ce que pouvait faire cette fille, pour ce père qui avait voulu tuer son amant.

A sa voix, au reste, un tressaillement agita le corps du malade, sa respiration devint plus pressée, il rouvrit les yeux, et son regard, après avoir erré un instant autour de lui comme pour reconnaître d'où venait la voix, se fixa sur Catherine.

Sa main fit un mouvement comme pour repousser cette apparition, que le blessé prit sans doute pour une vision de sa fièvre.

Le regard de la jeune fille se croisa avec celui de son père et Gilbert vit, avec une espèce de terreur, se froisser l'un à l'autre, deux flammes qui semblaient plutôt deux éclairs de haine, que deux rayons d'amour.

Après quoi la jeune fille se leva, et du même pas quelle était entrée, alla retrouver Pitou.

Pitou était à quatre pattes et jouait avec l'enfant.

La jeune fille le prit avec une violence qui tenait plus de l'amour de la lionne que de celui de la femme, et le pressa contre sa poitrine en s'écriant :

— Mon enfant! oh! mon enfant!

Il y avait dans ce cri toutes les angoisses de la mère, toutes les plaintes de la veuve, toutes les douleurs de la femme.

Pitou voulut accompagner Catherine jusqu'au bureau de la diligence, qui partait à dix heures du matin.

Mais celle-ci refusa.

— Non, dit-elle, vous l'avez dit, votre place est près de celui qui est seul. — Restez, Pitou.

Et de la main elle repoussa Pitou dans la chambre.

Pitou ne savait qu'obéir, quand Catherine commandait.

Pendant que Pitou se rapprochait du

lit de Billot, que celui-ci, au bruit que faisait le pas un peu lourd du capitaine de la garde nationale, rouvrait les yeux et qu'une impression bienveillante succédait sur sa physionomie à l'impression haineuse qu'y avait fait passer comme un nuage de tempête, la vue de sa fille. Catherine descendait l'escalier et, son enfant dans ses bras, gagnait, au faubourg St-Denis, l'hôtel du *Plat-d'Etain*, d'où partait la diligence de Villers-Cotterêts.

Les chevaux étaient attelés, le postillon était en selle, il restait une place dans l'intérieur.

Catherine la prit.

Huit heures après, la voiture s'arrêtait rue de Soissons.

Il était six heures de l'après-midi, c'est-à-dire qu'on était encore en plein jour.

Jeune fille et venant, Isidore vivant, voir sa mère en bonne santé, Catherine eut fait arrêter la voiture au bout de la rue de Largny, eut contourné la ville et fut arrivée à Pisseleu sans être vue car elle eut eu honte.

Veuve et mère, elle ne songea même point aux railleries provinciales, elle descendit de la voiture, sans impudence mais sans crainte ; son deuil et son enfant lui semblaient, l'un un ange sombre, l'autre un ange souriant, qui devaient écarter d'elle, l'injure et le mépris.

D'abord on ne reconnut pas Catherine, elle était si pâle et si changée, qu'elle ne semblait plus la même femme, puis, ce qui la dissimulait encore mieux aux regards, c'était cet air de distinction qu'elle avait pris à la fréquentation d'un homme distingué.

Aussi une seule personne la reconnut-elle et encore était-elle déjà loin.

Ce fut tante Angélique.

Tante Angélique était à la porte de l'hôtel de l'*Écu* et causait avec deux ou trois commères du serment exigé des prêtres, déclarant qu'elle avait entendu dire à M. Fortier, que jamais il ne ferait serment aux Jacobins et à la Révolution et qu'il subirait plutôt le martyr que de courber la tête sous le joug révolutionnaire.

— Eh! cria-t-elle tout-à-coup en s'interrompant, au milieu de son discours — Jésus Dieu! c'est la Billotte et son enfant qui descendent de voiture.

— Catherine! Catherine! répétèrent plusieurs voix.

— Eh! oui, tenez, la voilà qui se sauve par la ruelle.

Tante Angélique se trompait, Catherine ne se sauvait pas, Catherine avait hâte d'arriver près de sa mère et marchait vite.

Catherine prenait la ruelle, parce que c'était le chemin le plus court.

Plusieurs enfants à ce mot de tante Angélique : — C'est la Billotte ! et à cette exclamation de ses voisins : — Catherine ! plusieurs enfants se mirent à courir après la jeune fille et l'ayant rejointe :

— Ah ! tiens oui ! — c'est vrai, dirent-ils, — c'est mademoiselle Catherine.

— Oui, mes enfants, c'est moi, dit Catherine avec douceur.

Puis, comme elle était fort aimée des enfants surtout, à qui elle avait toujours quelque chose à donner, une caresse à défaut d'autre chose.

— Bonjour, mademoiselle Catherine, dirent les enfants.

— Bonjour, mes amis, dit Catherine, ma mère n'est pas morte, n'est-ce pas ?

— Oh! non, Mademoiselle, pas encore.

Puis un autre enfant ajouta :

— M. Raynal dit qu'elle en a bien encore pour huit ou dix jours.

— Merci, mes enfants, dit Catherine, et elle continua son chemin après leur avoir donné quelques pièces de monnaie.

Les enfants revinrent.

— Eh bien! demandèrent les commères.

— Eh bien! dirent les enfants, — c'est bien elle, et la preuve, c'est qu'elle nous a demandé des nouvelles de sa mère et que voilà ce qu'elle nous a donné.

Et les enfants montrèrent les quelques pièces de monnaie qu'ils tenaient de Catherine.

— Il paraît que ce qu'elle a vendu se vend cher à Paris, dit tante Angélique, pour qu'elle puisse donner des pièces blanches aux enfants qui courent après elle.

Tante Angélique n'aimait pas Catherine Billot.

D'ailleurs, Catherine Billot était jeune et belle, et tante Angélique était vieille et laide, Catherine Billot était grande et bien faite, tante Angélique était petite et boiteuse.

Puis c'était chez Billot, qu'Ange Pitou, chassé de chez tante Angélique, avait trouvé un asile.

Puis enfin, c'était Billot, qui le jour de la déclaration des droits de l'homme, était venu prendre l'abbé Fortier pour le forcer à dire la messe sur l'autel de la patrie.

Toutes raisons suffisantes, jointes surtout à l'aigreur naturelle de son caractère, pour que tante Angélique haït les Billot en général et Catherine en particulier.

Et quand tante Angélique haïssait,

elle haïssait bien, — elle haïssait en dévote.

Elle courut chez Mademoiselle Adélaïde, la nièce de l'abbé Fortier et lui annonça la nouvelle.

L'abbé Fortier soupait d'une carpe pêchée aux étangs de Wualue et flanquée d'un plat d'œufs brouillés et d'un plat d'épinards.

C'était jour maigre.

L'abbé Fortier avait pris la mine raide et ascétique d'un homme qui s'attend à chaque instant au martyr.

— Qu'y a-t-il encore? demanda-t-il en entendant jaboter les deux femmes dans le corridor. — Vient-on me chercher pour confesser le nom de Dieu?

— Non, pas encore, mon cher oncle, dit Mademoiselle Adélaïde, non c'est seulement tante Angélique, tout le monde, d'après Pitou, donnait ce nom à la vieille fille ; — c'est seulement tante Angélique qui vient m'annoncer un nouveau scandale.

— Nous sommes dans un temps où le scandale court les rues, répondit l'abbé Fortier, — quel est le scandale nouveau que vous m'annoncez, tante Angélique ?

Mademoiselle Adélaïde introduisit la loueuse de chaises devant l'abbé.

— Serviteur, M. l'abbé, fit celle-ci.

— C'est servante que vous devriez dire, tante Angélique, répondit l'abbé ne pouvant renoncer à ses habitudes pédagogiques.

— J'ai toujours entendu dire serviteur, reprit celle-ci, et je répète ce que j'ai entendu dire, — excusez-moi si je vous ai offensé, monsieur l'abbé.

— Ce n'est pas moi que vous avez offensé, tante Angélique — c'est la syntaxe.

Je lui ferai mes excuses la première fois que je la rencontrerai répondit humblement tante Angélique.

— Bien, tante Angélique, bien, — voulez-vous boire un verre de vin?

— Merci, M. l'abbé, répondit tante Angélique, — je ne bois jamais de vin.

— Vous avez tort, le vin n'est pas défendu par les canons de l'église.

— Oh! ce n'est point parce que le vin est, ou n'est pas défendu, que je n'en bois pas, — c'est parce qu'il coûte neuf sous la bouteille.

— Vous êtes donc toujours avare, tante Angélique? demanda l'abbé Fortier, en se renversant dans son fauteuil.

— Hélas! mon Dieu! M. l'abbé; — avare, il le faut bien quand on est pauvre.

— Allons donc, pauvre, et la ferme des chaises, que je vous donne pour rien, — tante Angélique, quand je pourrais la louer cent écus à la première personne venue.

— Oh ! M. l'abbé, comment ferait-elle, cette personne-là, pour rien, M. l'abbé, — il n'y a encore que de l'eau à y boire.

— C'est pour cela que je vous offre un verre de vin, tante Angélique.

— Acceptez donc, dit mademoiselle Adelaïde, — cela fâchera mon oncle, si vous n'acceptez pas.

— Vous croyez que cela fâchera monsieur votre oncle, dit tante Angélique, qui mourait d'envie d'accepter.

— Bien sûr.

— Alors, M. l'abbé, — deux doigts de vin, s'il vous plaît, pour ne pas vous désobliger.

— Allons donc! dit l'abbé Fortier, remplissant un plein verre d'un joli bourgogne, — pur comme du rubis. Avalez-moi cela, tante Angélique, — et quand vous compterez vos écus, vous croirez en avoir le double.

Tante Angélique allait porter le verre à ses lèvres.

— Mes écus! dit-elle. — Ah! M. l'abbé, ne dites point de pareilles choses, vous qui êtes un homme du bon Dieu, — on vous croirait.

— Buvez, tante Angélique, — buvez.

Tante Angélique trempa, comme pour faire plaisir à l'abbé Fortier, ses lèvres dans le verre, et tout en fermant les yeux, avala béatiquement le tiers de son contenu à peu près.

— Oh! que c'est fort! dit-elle, — je ne sais pas comment on peut boire du vin pur.

— Et moi, dit l'abbé, je ne sais pas comment on peut mettre de l'eau dans son vin, — mais n'importe, tante Angélique, cela n'empêche pas que je parie que vous avez un joli magot.

— Oh! M. l'abbé, — M. l'abbé, ne dites pas cela, je ne puis pas même payer mes contributions, qui sont de trois livres dix sous par an.

Et tante Angélique avala le second tiers du vin, contenu dans le verre.

— Oui, je sais que vous dites cela, mais je n'en réponds pas moins que le jour où vous rendrez votre âme à Dieu, si votre neveu, Ange Pitou, cherche bien, il trouvera dans quelque vieux bas de laine, de quoi acheter toute la rue du Pleux.

— Monsieur l'abbé, — monsieur l'abbé, dit tante Angélique, si vous dites de pareilles choses, vous me ferez assassiner par les brigands qui brûlent les fermes et qui coupent les moissons ; car, sur la parole d'un saint homme, comme vous, ils croiront que je suis riche. — Ah ! mon Dieu ! — mon Dieu ! quel malheur.

Et les yeux humides, d'une larme de

bien-être, elle avala le reste du verre de vin.

— Eh bien ! fit l'abbé toujours goguenard, vous voyez bien que vous vous y habituerez, à ce petit vin là, tante Angélique.

— C'est égal, dit tante Angélique, il est bien fort.

L'abbé avait à peu près fini son souper.

— Eh bien ! — demanda-t-il, — voyons, — quel est ce nouveau scandale qui trouble Israël ?

— Monsieur l'abbé, la Billotte vient d'arriver par la diligence avec son enfant.

— Ah! ah! fit l'abbé, — je croyais, moi, qu'elle l'avait mis aux enfants trouvés.

— Et elle aurait bien fait, dit tante Angélique, au moins le pauvre petit n'aurait pas eu à rougir de sa mère.

— Au fait, tante Angélique, dit l'abbé, voici l'institution envisagée sous un nouveau point de vue. — Et que vient-elle faire ici?

— Il paraît qu'elle vient voir sa mère, car elle a demandé aux enfants si sa mère vivait encore.

— Vous savez, tante Angélique, dit l'abbé avec un méchant sourire, qu'elle a oublié de se confesser, la mère Billot.

— Ah! monsieur l'abbé, reprit tante Angélique, — ça, ça n'est pas sa faute, la pauvre femme a, depuis trois ou quatre mois, perdu la tête à ce qu'il paraît, — mais c'était du temps où sa fille ne lui avait pas fait tant de peines, une femme bien dévote et bien craignant Dieu, et qui, quand elle venait à l'église, prenait toujours deux chaises, — une pour s'asseoir, l'autre pour mettre ses pieds.

— Et son mari? demanda l'abbé, les yeux étincelants de colère, — le citoyen Billot, — vainqueur de la Bastille, — combien en prenait-il de chaises, lui?

— Ah! dame! je ne sais pas, — répondit naïvement tante Angélique; il n'y venait jamais à l'église ; — mais quant à la mère Billot...

— C'est bien, — c'est bien, dit l'abbé, — c'est un compte que nous règlerons le jour de son enterrement.

Puis faisant le signe de la croix :

— Dites les grâces avec moi, mes sœurs.

Les deux vieilles filles répétèrent le signe de la croix que venait de faire l'abbé, et dirent dévotement les grâces avec lui.

V

La fille et la mère.

Pendant ce temps, Catherine poursuivait son chemin.

En sortant de la ruelle, elle avait pris à gauche, suivi la rue de Lormet, et au bout de la rue avait, par une sente tracée à travers champs, rejoint le chemin de Pisseleu.

Tout était un souvenir douloureux pour Catherine suivant ce chemin.

Et d'abord ce fut ce petit pont où Isidore lui avait dit adieu et où elle était restée évanouïe jusqu'au moment où Pitou l'avait retrouvée froide et glacée.

Puis c'était, en approchant de la ferme, le saule creux où Isidore cachait ses lettres.

Puis c'était, en approchant encore,

cette petite fenêtre par laquelle Isidore entrait chez elle et d'où Billot avait tiré sur le jeune homme cette nuit où, par bonheur, le fusil avait fait long feu.

Puis enfin, en face de la grande porte de la ferme, — c'était cette route de Boursonne que Catherine avait faite tant de fois et qu'elle connaissait si bien.

La route par laquelle venait Isidore.

Que de fois, la nuit, accoudée à cette fenêtre, les yeux fixés sur le chemin, elle avait attendu haletante, puis, en l'apercevant dans l'ombre, toujours exact, toujours fidèle, senti sa poitrine se desserrer et ouvert ses deux bras à sa rencontre.

Aujourd'hui il était mort, — mais au moins ses deux bras réunis sur sa poitrine y serraient son enfant.

Que disaient donc tous ces gens en parlant de son déshonneur et de sa honte ?

Un si bel enfant pouvait-il être jamais, pour une mère, une honte ou un déshonneur ?

Aussi, entra-t-elle rapidement et sans crainte dans la ferme.

Un gros chien aboya sur son passage,

— puis, tout-à-coup reconnaissant sa jeune maîtresse, il s'approcha d'elle, de toute la longueur de sa chaîne et se coucha sur le dos les pattes en l'air et tout en poussant de petits cris joyeux.

Aux cris du chien — un homme parut sur la porte, venant voir qui causait les aboiements du chien.

— Ah! mademoiselle Catherine! s'écria-t-il.

— Père Clouïs! dit Catherine à son tour.

— Ah! soyez la bienvenue, ma chère

demoiselle, dit le vieux garde, la maison a bien besoin de votre présence, allez.

— Et ma pauvre mère? dit Catherine.

—Hélas! ni mieux — ni plus mal — ou plutôt — plus mal que mieux — elle s'éteint, pauvre femme.

— Et où est-elle?

— Dans sa chambre.

— Toute seule?

—Non, — non, — non, — ah! je n'aurais pas permis — cela, — dame! il faut m'excuser, mademoiselle Catherine, — en votre absence à tous, — j'ai un peu fait le maître ici, — le temps que vous avez passé dans ma pauvre hutte. — Ça m'a fait un peu de la famille, je vous aimais tant, et ce pauvre M. Isidore aussi.

— Vous avez su, dit Catherine essuyant deux larmes.

— Oui, — oui, — tué pour la reine comme M. Georges. Enfin, Mademoiselle, que voulez-vous, il vous a laissé ce bel enfant, n'est-ce pas? — il faut pleurer le père, — mais sourire au fils.

— Merci, — père Clouïs, — dit Catherine, en tendant sa main au vieux garde. — Mais ma mère?

— Elle est là dans sa chambre, comme je vous ai dit, avec madame Clément, la même garde-malade qui vous a soignée.

— Eh!.. demanda Catherine, hésitant, a-t-elle encore sa connaissance, pauvre mère !

— Il y a des fois qu'on le croirait, dit le père Clouïs. — C'est quand on prononce votre nom. — Ah! ça c'est le grand moyen; il a agi jusqu'à avant-hier. Ce n'est que depuis avant-hier qu'elle ne donne plus signe de connaissance, même lorsque l'on parle de vous.

— Entrons, entrons, père Clouïs, dit Catherine.

— Entrez, Mademoiselle, fit le vieux garde, en ouvrant la porte de la chambre de madame Billot.

Catherine plongea son regard dans la chambre.

Sa mère—couchée dans son lit aux rideaux de serge verte,—éclairée par une de ces lampes à trois becs, comme nous en voyons encore aujourd'hui dans les fermes, était gardée, comme l'avait dit le père Clouïs, par madame Clément.

Celle-ci assise dans un grand fauteuil, roupillait dans cet état de somnolence particulier aux gardes-malades, et qui est, un milieu somnambulique, entre la veille et le sommeil.

La malade ne semblait pas changée, seulement son teint était devenu d'une pâleur d'ivoire.

On eut dit qu'elle dormait.

— Ma mère! ma mère! cria Catherine, — en se précipitant sur le lit.

La malade ouvrit les yeux, fit un mouvement de tête vers Catherine, un éclair d'intelligence brilla dans son regard, ses lèvres balbutièrent des sons inarticulés, n'atteignant pas même à la valeur de mots sans suite, — sa main se souleva, — cherchant à compléter, par le toucher, les sens presque éteints de l'ouïe et de la vue. Mais cet effort avorta, ce mouvement s'éteignit, l'œil se referma, le bras pesa comme un corps inerte sur la tête de Catherine à genoux devant le lit de sa mère, et la malade rentra dans l'immobilité dont elle était momentanément sortie à la secousse galvanique, que lui avait imprimé la voix de sa fille.

Des deux léthargies du père et de la mère—étaient, comme deux éclairs partant de deux horizons, — sortis deux sentiments opposés.

Le père Billot était sorti de son évanouissement, pour repousser Catherine loin de lui.

La mère Billot était sortie de sa torpeur, pour attirer Catherine à elle.

L'arrivée de Catherine avait produit une révolution dans la ferme.

C'était Billot que l'on attendait et non sa fille.

Catherine raconta l'accident arrivé à Billot, et comment, à Paris, le mari était aussi près de la mort, que la femme l'était à Pisseleu.

Seulement, il était évident que chacun des deux moribonds suivait une voie différente.

Billot allait de la mort à la vie.

Sa femme allait de la vie à la mort.

Catherine rentra dans sa chambre de jeune fille. Il y avait bien des larmes pour elle dans les souvenirs que lui rappelait cette petite chambre, où elle avait passé par les beaux rêves de l'enfant, par les passions brûlantes de la jeune fille, et où elle revenait avec le cœur brisé de la veuve.

De ce moment, au reste, Catherine reprit dans la maison en désordre, toute l'autorité que son père lui avait concédée un jour — au détriment de sa mère.

Le père Clouïs, remercié et récompensé, reprit le chemin de son terrier, comme il appelait, la hutte de la pierre Clouïs.

Le lendemain, le docteur Raynal vint.

Il venait tous les deux jours, par un sentiment de conscience plutôt que par un sentiment d'espoir, il savait très-bien qu'il n'y avait rien à faire, et que cette vie qui s'éteignait comme fait une lampe, qui use un reste d'huile, ne pouvait être sauvée par aucun effort humain.

Il fut tout joyeux de trouver la jeune fille arrivée.

Il aborda la grande question, qu'il n'eut pas osé débattre avec Billot.

Celle des sacrements.

Billot, on le sait, était voltairien enragé.

Ce n'était pas que le docteur Raynal fut d'une dévotion exemplaire. — Non, — tout au contraire, — à l'esprit du temps, il joignait l'esprit de la science.

Or, si le temps n'en n'était encore qu'au doute, la science en était déjà à la négation.

Cependant le docteur Raynal, dans les

circonstances analogues, à celles où il se trouvait, regardait comme un devoir d'avertir les parents.

Les parents pieux, faisaient leur profit de l'avertissement et envoyaient chercher le prêtre.

Les parents impies ordonnaient — si le prêtre se présentait qu'on lui fermât la porte au nez.

Catherine était pieuse.

Elle ignorait les dissentiments qui avaient eu lieu entre Billot et l'abbé Fortier, ou plutôt, elle ne se rendait pas compte de leur importance.

Elle chargea madame Clément de se

rendre chez l'abbé Fortier et de le prier de venir apporter les derniers sacrements à sa mère, — Pisseleu étant un trop petit hameau pour avoir son église et son curé à part, Pisseleu relevait de Villers-Cotterêts.

C'était même au cimetière de Villers-Cotterêts qu'on enterrait les morts de Pisseleu.

Une heure après, la sonnette du viatique, tintait devant la porte de la ferme.

Le Saint-Sacrement fut reçu à deux genoux.

Mais à peine l'abbé Fortier fut-il entré dans la chambre de la malade, à peine se fut-il aperçu que celle pour laquelle on l'avait appelé, était sans parole, sans regard, sans voix qu'il déclara qu'il ne donnait l'absolution qu'aux gens qui pouvaient se confesser, et, quelqu'instance qu'on lui fit, il remporta le viatique.

L'abbé Fortier était un prêtre de l'école sombre et terrible, il eut été Saint-Dominique en Espagne, Valverde au Mexique.

Il n'y avait point à s'adresser à un autre qu'à lui. Pisseleu, nous l'avons dit, relevait de sa paroisse et nul prêtre des environs n'eut osé empiéter sur ses droits.

Catherine était un cœur pieux et tendre, mais en même temps plein de raison, elle ne prit du refus de l'abbé Fortier que le souci qu'elle en devait prendre, espérant que Dieu serait plus indulgent, en faveur de la pauvre mourante que ne l'était son ministre.

Puis elle continua d'accomplir ses devoirs de fille envers sa mère, — ses devoirs de mère envers son enfant, se partageant toute entière, entre cette jeune âme qui entrait dans la vie et cette âme fatiguée qui allait en sortir.

Pendant huit jours et huit nuits, elle ne quitta le lit de sa mère, que pour aller au berceau de son enfant.

Dans la nuit du huitième au neuvième

jour, tandis qu'elle veillait au chevet du lit de la mourante qui, pareille à une barque qui sombre et s'enfonce de plus en plus dans la mer, s'engloutissait peu à peu dans l'éternité, la porte de la chambre de madame Billot s'ouvrit et Pitou parut sur le seuil.

Il arrivait de Paris, d'où il était parti le matin à pied selon son habitude.

En le voyant Catherine tressaillit.

Un instant, elle craignit que son père ne fut mort.

Mais la physionomie de Pitou, — sans être précisément gaie, — n'était cependant point celle d'un homme qui apporte une funèbre nouvelle.

En effet, Billot allait de mieux en mieux, depuis quatre ou cinq jours, le docteur avait répondu de lui, et le matin du départ de Pitou il avait dû être transporté, de l'hôpital du Gros-Caillou chez Gilbert.

Du moment où Billot avait cessé d'être en danger, Pitou avait déclaré sa résolution formelle de revenir.

Ce n'était plus pour Billot qu'il craignait, c'était pour Catherine.

Pitou avait prévu le moment où l'on annoncerait à Billot, ce qu'on n'avait point voulu lui annoncer encore, — c'est-à-dire l'état dans lequel se trouvait sa femme.

Sa conviction était, qu'à ce moment-là, si faible qu'il fût, Billot partirait pour Villers-Cotterêts.

Et qu'arriverait-il s'il trouvait Catherine à la ferme.

Le docteur Gilbert ne lui avait point caché l'effet qu'avait produit au blessé, l'entrée de Catherine et sa station d'un instant près du lit du malade.

Il était évident que cette vision était restée au fond de son esprit, — comme au fond de la mémoire, reste quand on se réveille, le souvenir d'un mauvais rêve.

A mesure que sa raison était revenue,

le blessé avait jeté autour de lui des regards qui avaient peu à peu passé de l'inquiétude à la haine.

Sans doute s'attendait-il d'un moment à l'autre à voir la vision fatale reparaître.

Au reste, il n'en n'avait pas dit un mot, pas une seule fois, il n'avait prononcé le nom de Catherine, mais le docteur Gilbert était un trop profond observateur pour n'avoir pas tout deviné, tout lu.

En conséquence, aussitôt Billot convalescent, il avait expédié Pitou à la ferme.

C'était à lui d'en éloigner Catherine; Pitou aurait pour arriver à ce résultat, deux ou trois jours devant lui, le docteur ne voulant pas, avant deux ou trois jours encore, risquer d'annoncer au convalescent, la mauvaise nouvelle qu'avait apportée Pitou.

Pitou fit part de ses craintes à Catherine, avec toute l'angoisse, que le caractère de Billot lui inspirait à lui même, mais Catherine déclara que son père, dût-il la tuer au chevet du lit de la mourante, elle ne s'éloignerait pas avant d'avoir fermé les yeux de sa mère.

Pitou gémit profondément de cette détermination, mais il ne trouva pas un mot pour la combattre.

Il se tint donc là, prêt à s'interposer, en cas de besoin, entre le père et la fille.

Deux jours et deux nuits s'écoulèrent

encore, pendant ces deux jours et ces deux nuits, la vie de la mère Billot sembla s'envoler souffle à souffle.

Depuis deux jours déjà, la malade ne mangeait plus, on ne la soutenait, qu'en lui introduisant, de temps en temps, entre les dents, une cuillerée de sirop.

On n'aurait pas cru qu'un corps pût vivre avec un pareil soutien.

Il est vrai que ce pauvre corps vivait si peu !

Pendant la nuit du dixième au onzième jour, au moment où tout souffle semblait éteint en elle, la malade parut se ranimer, les bras firent quelques mouvements, les lèvres s'agitèrent les yeux s'ouvrirent grands et fixes.

— Ma mère ! ma mère ! cria Catherine.

Et elle se précipita vers la porte, pour aller chercher son enfant.

On eut dit que Catherine tirait l'âme de sa mère avec elle, — lorsqu'elle rentra tenant le petit Isidore entre ses bras, la mourante avait fait un mouvement pour se tourner du côté de la porte.

Les yeux étaient restés tous grands ouverts et fixes.

Au retour de la jeune fille, les yeux jetèrent un éclair, la bouche, un cri.

Les bras se tendirent.

Catherine tomba à genoux avec son enfant devant le lit de sa mère.

Alors, un phénomène étrange s'opéra, — la mère Billot se souleva sur son oreiller, étendit lentement les deux bras au-dessus de la tête de Catherine et de son fils, puis après un effort pareil à celui du jeune Atys, fils de Crésus.

— Mes enfants, — dit-elle, — je vous bénis.

Puis elle retomba sur l'oreiller, ses bras s'affaissèrent, sa voix s'éteignit.

Elle était morte.

Ses yeux seuls étaient restés ouverts,

comme si la pauvre femme ne l'ayant pas assez vue de son vivant, voulait encore regarder sa fille de l'autre côté du tombeau.

VI

Où l'abbé Fortier exécute à l'endroit de la mère Billot, la menace qu'il a faite à tante Angélique.

Catherine ferma pieusement les yeux de sa mère avec la main d'abord, puis ensuite avec les lèvres.

Madame Clément avait depuis longtemps prévu cette heure suprême et avait acheté deux cierges.

Tandis que Catherine toute ruisselante de larmes reportait dans sa chambre son enfant qui pleurait, et l'endormait en lui donnant le sein, — Madame Clément allumait les deux cierges aux deux côtés du chevet du lit, croisait les deux mains de la morte sur sa poitrine, lui mettait un crucifix entre les mains et plaçait sur une chaise un bol plein d'eau bénite avec une branche de buis du dernier dimanche des Rameaux.

Lorsque Catherine rentra, elle n'eut plus qu'à se mettre à genoux, près du lit de sa mère, son livre de prières à la main.

Pendant ce temps Pitou se chargeait des autres détails funèbres — c'est-à-dire que n'osant aller chez l'abbé Fortier, avec lequel, on s'en souvient, il était en délicatesse. Il alla chez le sacristain pour commander la messe mortuaire, chez les porteurs pour qu'ils se trouvassent à l'heure dite à la ferme, pour enlever le cercueil. Chez le fossoyeur, pour qu'il creusât la fosse.

Puis de là, il alla à Haramont, pour prévenir son lieutenant Désiré Maniquet, son sous-lieutenant et ses trente-un hommes de garde nationale, que l'enterrement de Madame Billot avait lieu le lendemain à onze heures du matin.

Comme la mère Billot n'avait de son

vivant, pauvre femme, — occupé ni aucune fonction publique, ni aucun grade dans la garde nationale ou dans l'armée, la communication de Pitou à l'endroit de ses hommes, fut donc officieuse et non officielle, ce fut l'invitation d'assister à l'inhumation et non un ordre.

Mais on savait trop ce qu'avait fait Billot pour cette révolution, qui tournait toutes les têtes et enflammait tous les cœurs. — On savait trop le danger qu'en ce moment même courait encore Billot, couché sur son lit de douleur, blessé qu'il avait été en défendant la cause sainte, pour ne pas regarder l'invitation comme un ordre : toute la garde nationale d'Haramont promit donc à son chef de se trouver volontairement et instantanément en armes, le lendemain à onze heures précises, à la maison mortuaire.

Le soir, Pitou était de retour à la ferme; à la porte, il trouva le menuisier, qui apportait la bière sur son épaule.

Pitou avait instinctivement toutes les délicatesses du cœur que l'on trouve si rarement chez les paysans et même chez les gens du monde. Il fit cacher le menuisier et son cercueil dans l'écurie, et, pour éviter à Catherine la vue de la funèbre boîte, le bruit terrible du marteau, il entra seul.

Catherine priait au pied du lit de sa

mère, le cadavre avait été par les soins pieux des deux femmes, lavé et cousu dans son linceul.

Pitou rendit compte à Catherine de l'emploi de sa journée, et l'invita à prendre un peu d'air.

Mais Catherine voulait rendre ses derniers devoirs jusqu'au bout, elle refusa.

— Cela fera du mal à votre cher petit Isidore de ne pas sortir, dit Pitou.

— Emportez-le et faites-lui prendre l'air, M. Pitou.

Il fallait que Catherine eut une bien grande confiance dans Pitou pour lui confier son enfant, ne fût-ce que cinq minutes.

Pitou sortit comme pour obéir, mais au bout de cinq minutes il revint.

— Il ne veut pas sortir avec moi, dit-il, il pleure.

Et en effet, par les portes ouvertes, Catherine entendit les cris de son enfant.

Elle baisa le front du cadavre, dont à travers la toile on voyait encore la forme et presque les traits, et partagée entre ses deux sentiments de fille et de mère, elle quitta sa mère pour aller à son enfant.

Le petit Isidore pleurait en effet, Catherine le prit dans ses bras, et suivant Pitou sortit de la ferme.

Derrière eux le menuisier et sa bière y entraient.

Pitou voulait éloigner Catherine pendant une demi-heure à peu près.

Comme au hasard, il la conduisit sur le chemin de Boursonne.

Ce chemin était si plein de souvenirs pour la pauvre enfant, qu'elle y fit une demi-lieue, sans dire un mot à Pitou, écoutant les différentes voix de son cœur, et leur répondant silencieusement comme elles lui parlaient.

Quand Pitou crut la besogne funéraire terminée :

— Mademoiselle Catherine, dit-il, si nous revenions à la ferme ?

Catherine sortit de ses pensées comme d'un rêve.

— Oh ! oui, dit-elle, vous êtes bien mon bon cher Pitou.

Et elle reprit le chemin de Pisseleu.

Au retour, madame Clément fit de la tête à Pitou, signe que tout était fini.

Catherine rentra dans sa chambre pour coucher le petit Isidore.

Ce soin maternel accompli, elle voulut aller reprendre sa place au chevet de la morte.

Mais sur le seuil de sa chambre, elle trouva Pitou.

— Inutile! mademoiselle Catherine, lui dit celui-ci, — tout est terminé.

— Comment, tout est terminé?

— Oùi, en votre absence, Mademoiselle, — Pitou hésita, — en votre absence, le menuisier...

— Ah! voilà pourquoi vous avez insisté pour que je sortisse. Je comprends. — Bon Pitou.

Et Pitou, pour sa récompense, reçut

de Catherine un regard reconnaissant.

— Une dernière prière, — ajouta la jeune fille, et je reviens.

Catherine marcha droit à la chambre de sa mère et y entra.

Pitou la suivait sur la pointe du pied, mais il s'arrêta sur le seuil.

La bière était posée sur deux chaises au milieu de la chambre.

A cette vue, Catherine s'arrêta en tressaillant et de nouvelles larmes jaillirent de ses yeux.

Puis elle alla s'agenouiller devant le

cercueil, appuyant au chêne son front pâli par la fatigue et la douleur.

Sur la voie douloureuse qui conduit le mort, de son lit d'agonie au tombeau, sa demeure éternelle, les vivants qui le suivent, se heurtent à chaque instant à quelque nouveau détail qui semble destiné à faire jaillir des cœurs endoloris jusqu'à leurs dernières larmes.

La prière fut longue, Catherine ne pouvait point s'arracher d'auprès du cercueil, elle comprenait bien, la pauvre Catherine, qu'elle n'avait plus depuis la mort d'Isidore, que deux amis sur cette terre : — sa mère et Pitou.

Sa mère venait de la bénir et de lui

dire adieu, — sa mère, dans le cercueil aujourd'hui, — serait dans la tombe demain.

Pitou lui resterait seul.

On ne quitte pas sans peine son avant-dernier ami, — quand cet avant-dernier ami est une mère.

Pitou vit bien qu'il lui fallait venir en aide à Catherine, il entra, et voyant ses paroles inutiles, il essaya de soulever la jeune fille par dessous le bras.

— Encore une prière, M. Pitou,—une seule.

— Vous vous rendrez malade, mademoiselle Catherine, dit Pitou.

— Après ? demanda Catherine.

— Alors je vais chercher une nourrice pour M. Isidore.

— Tu as raison, tu as raison, Pitou, — dit la jeune fille, mon Dieu que tu es bon, Pitou, — mon Dieu que je t'aime.

Pitou chancela, il faillit tomber à la renverse.

Il alla à reculons s'appuyer près de la porte à la muraille, et des larmes silencieuses, presque de joie, coulèrent sur ses joues.

Catherine ne venait-elle pas de lui dire qu'elle l'aimait.

Pitou ne s'abusait point à la façon dont

l'aimait Catherine, mais de quelque façon que Catherine l'aimât, — c'était beaucoup pour lui.

Sa prière finie, — Catherine comme elle l'avait promis à Pitou se leva et vint d'un pas lent s'appuyer à l'épaule du jeune homme.

Pitou passa son bras autour de la taille de Catherine pour l'entraîner.

Celle-ci se laissa faire, — puis avant de franchir le seuil, tournant la tête pardessus la tête de Pitou, et jetant un dernier regard sur le cercueil tristement éclairé par les deux cierges :

— Adieu ma mère ! — une dernière fois adieu ! — dit-elle.

Et elle sortit.

A la porte de la chambre de Catherine, et au moment où celle-ci allait y entrer, — Pitou l'arrêta.

Catherine commençait à si bien connaître Pitou, qu'elle comprit que Pitou avait quelque chose à lui dire.

— Eh bien ? demanda-t-elle.

— Eh bien ! — balbutia Pitou, un peu embarrassé, ne trouvez-vous pas, mademoiselle Catherine, que le moment serait venu de quitter la ferme.

— Je ne quitterai la ferme que quand ma mère elle-même l'aura quittée, répondit la jeune fille.

Catherine avait dit ces mots avec une telle fermeté, que Pitou avait compris que c'était une résolution bien arrêtée.

— Et quand vous quitterez la ferme, dit Pitou, vous savez qu'il y a à une lieue d'ici, deux endroits où vous êtes sûre d'être bien reçue, la hutte du père Clouïs et la petite maison de Pitou.

Pitou appelait sa chambre et son cabinet une maison.

— Merci, Pitou, répondit Catherine, en indiquant en même temps d'un signe de tête, qu'elle accepterait l'un ou l'autre de ces deux asiles.

Catherine rentra dans sa chambre sans

s'inquiéter de Pitou qui était toujours sûr, lui, de trouver un gîte.

Le lendemain matin, dès dix heures, les amis convoqués pour la funèbre cérémonie, affluèrent à la ferme.

Tous les fermiers des environs de Boursonne, de Noue, de Saint-Yvon, de Coyolles, de Largny, d'Haramont et de Rivière, étaient au rendez-vous.

Le maire de Villers-Cotterêts, ce bon M. Longpré, y était un des premiers.

A dix heures et demie, la garde nationale d'Haramont, tambour battant, drapeau déployé, arriva sans qu'il lui manquât un homme.

Catherine, toute vêtue de noir ; son enfant vêtu de noir comme elle, entre ses bras, — recevait chaque arrivant, et nul, il faut le dire; n'eût un autre sentiment que le respect pour cette mère et pour cet enfant vêtus d'un double deuil.

A onze heures, plus de trois cents personnes étaient réunies à la ferme.

Le prêtre, les hommes d'église, les porteurs manquaient seuls.

On attendit un quart-d'heure.

Rien ne vint.

Pitou monta dans le grenier le plus élevé de la ferme.

De la fenêtre du grenier, on découvrait les deux kilomètres de plaines, qui s'étendent de Villers-Cotterêts au petit village de Pisseleu.

Si bons yeux qu'eut Pitou, il ne vit rien.

Il descendit et fit part à M. Longpré, non-seulement de ses observations, mais encore de ses réflexions

Les *observations* étaient que, rien ne venait certainement.

Les *réflexions*, que rien ne viendrait probablement.

On venait de lui raconter la visite de l'abbé Fortier, et son refus d'administrer les sacrements à la mère Billot.

Pitou connaissait l'abbé Fortier, et devina tout.

L'abbé Fortier ne voulait pas prêter le concours de son saint ministère à l'enterrement de madame Billot, et le prétexte, non la cause, était l'absence de la confession.

Ces réflexions communiquées par Pitou à M. Longpré, et par M. Longpré aux assistants, produisirent une douloureuse impression.

On se regarda en silence, puis une voix dit :

— Eh bien quoi ! si l'abbé Fortier ne veut pas nous dire la messe, tant pis pour lui, on s'en passera.

Cette voix, c'était celle de Désiré Maniquet.

Désiré Maniquet était connu pour ses opinions anti-religieuses.

Il y eut un instant de silence.

Il était évident qu'il semblait bien hardi à l'assemblée de se passer de messe.

Et cependant on était en pleine école de Voltaire et de Rousseau.

— Messieurs, dit le maire, — allons toujours à Villers-Cotterêts, à Villers-Cotterêts tout s'expliquera.

— A Villers-Cotterêts! crièrent toutes les voix.

Pitou fit un signe à quatre de ses hommes, on passa les canons de deux fusils sous la bière, et l'on enleva la morte.

A la porte, le cercueil passa devant Catherine agenouillée et le petit Isidore qu'elle avait fait agenouiller près d'elle.

Puis, le cercueil passé, Catherine baisa le seuil de cette porte qu'elle ne comptait plus repasser, et en se relevant :

— Vous me retrouverez, dit-elle à Pitou, dans la hutte du père Clouïs.

Et par la cour de la ferme et les jardins qui donnaient sur les fonds de Noue, elle s'éloigna rapidement.

VII

Où l'abbé Fortier voit qu'il n'est pas toujours si facile qu'on le croit de tenir la parole donnée.

Le convoi s'avançait silencieusement formant une longue ligne sur la route, lorsque tout-à-coup ceux qui fermaient la marche entendirent derrière eux un cri d'appel.

Ils se retournèrent.

Un cavalier accourait au grand galop, venant du côté de Nanteuil, c'est-à-dire par la route de Paris.

Une portion de son visage était sillonnée par deux bandelettes noires ; il tenait son chapeau à la main et faisait signe qu'on l'attendît.

Pitou se retourna comme les autres.

— Tiens, dit-il, M. Billot ; bon, je ne voudrais pas être dans la peau de M. Fortier.

A ce nom de Billot, tout le monde fit halte.

Le cavalier s'avançait rapidement, et au fur et à mesure qu'il s'avançait, comme Pitou avait reconnu le fermier, chacun à son tour le reconnaissait.

Arrivé à la tête du convoi, Billot sauta à bas de son cheval, auquel il jeta la bride sur le cou et après avoir dit d'une voix si bien accentuée que chacun l'entendit :

— Bonjour et merci, citoyens.

Il prit derrière le cercueil la place de Pitou, qui, en son absence, conduisait le deuil.

Un valet d'écurie se chargea du cheval et le reconduisit à la ferme.

Chacun jeta un regard curieux sur Billot.

Il avait maigri un peu, pâli beaucoup.

Une partie de son front et les contours de son œil gauche avaient conservés les couleurs vineuses du sang extravasé.

Ses dents serrées, ses sourcils froncés indiquaient une sombre colère qui n'attendait que le moment de se répandre au dehors.

— Savez-vous ce qui s'est passé? demanda Pitou.

— Je sais tout, répondit Billot.

Aussitôt que Gilbert avait avoué au fermier l'état dans lequel se trouvait sa femme, celui-ci avait pris un cabriolet qui l'avait conduit jusqu'à Nanteuil.

Puis, comme le cheval n'avait pas pu

le conduire plus loin, Billot avait pris un bidet de poste, tout faible qu'il fût encore, à Nanteuil où il avait relayé, et il arrivait à la ferme comme le convoi venait d'en sortir.

En deux mots alors, madame Clément lui avait tout dit, Billot était remonté à cheval, au détour du mur avait aperçu le convoi qui s'allongeait le long du chemin et l'avait arrêté par ses cris.

Maintenant, comme nous l'avons dit, c'était lui qui, les sourcils froncés, la bouche menaçante, les bras croisés sur la poitrine, conduisait le deuil.

Déjà silencieux et sombre, le cortége

devint plus sombre et plus silencieux encore.

A l'entrée de Villers-Cotterêts, on trouva un groupe de personnes qui attendait.

Ce groupe prit sa place dans le cortége.

A mesure que le convoi avançait à travers les rues, des hommes, des femmes, des enfants sortaient des maisons, saluaient Billot, qui leur répondait d'un signe de tête, et s'incorporaient dans les rangs, ou prenaient place à la queue.

En arrivant sur la place, le convoi contenait plus de cinq cents personnes.

De la place on commençait à apercevoir l'église.

Ce qu'avait prévu Pitou arrivait, l'église était fermée; on arriva à la porte et l'on fit halte.

Billot était devenu livide : l'expression de son visage se faisait de plus en plus menaçante.

L'église et la mairie se touchaient; le serpent, qui était en même temps concierge de la mairie, et qui par conséquent dépendait à la fois du maire et de l'abbé Fortier, fut appelé et interrogé par M. de Longpré.

L'abbé Fortier avait défendu à aucun

homme d'église de prêter son concours à l'enterrement.

Le maire demanda où étaient les clefs de l'église.

Les clefs étaient chez le bedeau.

— Va chercher les clefs, dit Billot à Pitou.

Pitou ouvrit le compas de ses longues jambes et revint cinq minutes après, en disant :

— L'abbé Fortier a fait porter les clefs chez lui pour être sûr que l'église ne serait point ouverte.

— Il faut aller chercher les clefs chez

l'abbé, dit Désiré Maniquet, promoteur né des moyens extrêmes.

— Oui, oui, allons chercher les clefs chez l'abbé, crièrent deux cents voix.

— Ce serait bien long, dit Billot, et quand la mort frappe à une porte, elle n'a pas l'habitude d'attendre.

Alors il regarda autour de lui; en face de l'église, on construisait une maison.

Les ouvriers charpentiers écarrissaient une poutre.

Billot marcha droit à eux, leur fit signe de la main qu'il avait besoin de la poutre qu'ils écarrissaient.

Les ouvriers s'écartèrent.

La poutre était posée sur des madriers.

Billot passa son bras entre la poutre et la terre, à peu près vers le milieu de la poutre.

Puis, d'un seul effort, il souleva l'énorme pièce de bois.

Mais il avait compté sur des forces absentes.

Sous ce poids, le colosse chancela, et un instant on crut que Billot allait tomber.

Ce fut le passage d'un éclair, le fermier se raffermit sur ses jambes en souriant d'un sourire terrible, puis il s'avança, la poutre sous le bras, d'un pas lent, mais ferme.

On eût dit un de ces béliers antiques avec lesquels les Alexandre, les Annibal et les César renversaient les murailles.

Il se plaça les jambes écartées devant la porte, et la terrible machine commença de jouer.

La porte était de chêne, les verroux, les serrures et les gonds étaient de fer.

Au troisième coup, les verroux, les serrures et les gonds avaient sauté, la porte de chêne béait entr'ouverte.

Billot laissa tomber la poutre.

Quatre hommes la ramassèrent et la

reportèrent avec peine à la place où Billot l'avait prise.

— Maintenant, monsieur le maire, dit Billot, faites placer le cercueil de ma pauvre femme, qui n'a jamais fait de mal à personne, au milieu du chœur, et toi, Pitou, réunis le bedeau, le suisse, les chantres et les enfants de chœur, moi je me charge du prêtre.

Le maire, conduisant le cercueil, entra dans l'église. Pitou se mit à la recherche des chantres, des enfants de chœur, du bedeau et du suisse, se faisant accompagner de son lieutenant Désiré Maniquet et de quatre hommes, dans le cas où il trouverait des récalcitrants ; Billot se dirigea vers la maison de l'abbé Fortier.

Plusieurs hommes voulurent suivre Billot.

Laissez-moi, dit-il, peut-être ce que je vais faire deviendra-t-il grave ; à chacun la responsabilité de ses œuvres.

Et il s'éloigna, descendant la rue de l'Eglise et prenant la rue de Soissons.

C'était la seconde fois, à un an de distance, que le fermier révolutionnaire allait se trouver en face du prêtre royaliste.

On se rappelle ce qui s'était passé la première fois ; probablement, allait-on être témoin d'une semblable scène.

Aussi, en le voyant marcher d'un pas rapide vers la demeure de l'abbé, chacun demeurait-il immobile sur le seuil de sa porte, le suivant des yeux en secouant la tête, mais sans faire un pas.

Il a défendu de le suivre, se disaient les uns aux autres les spectateurs.

La grande porte de l'abbé était fermée, comme celle de l'église.

Billot regarda s'il y avait aux environs quelque bâtisse à laquelle il put emprunter une nouvelle poutre; il n'y avait qu'une espèce de borne de grès, déchaussée par l'oisiveté des enfants, et tremblante dans son orbite, comme une dent dans son alvéole.

Le fermier s'avança vers la borne, la secoua violemment, élargit l'orbite, et arracha la borne de l'encadrement de pavée ou elle était emboitée.

Puis la soulevant au-dessus de sa tête, comme un autre Ajax, ou un nouveau Diomède, il recula de trois pas, et lança le bloc de granit, avec la même force qu'eût fait un catapulte.

La porte brisée, vola en morceaux.

En même temps que Billot se frayait ce formidable passage, la fenêtre du premier s'ouvrait, et l'abbé Fortier apparaissait, appelant de toutes ses forces ses paroissiens à son secours.

Mais la voix du pasteur, fut méconnue

par le troupeau bien décidé à laisser le loup et le berger se démêler ensemble.

Il fallut un certain temps à Billot pour briser les deux ou trois portes qui le séparaient encore de l'abbé Fortier, comme il avait brisée la première.

La chose lui prit dix minutes à peu près.

Aussi au bout de dix minutes écoulées après la première porte brisée, peut-on d'après les cris plus violents et d'après les gestes de plus en plus expressifs de l'abbé, comprendre que cette agitation croissante tenait de ce que le danger se rapprochait de plus en plus de lui.

En effet, tout-à-coup on vit apparaître derrière le prêtre la tête de Billot, puis une main s'étendre et s'abaisser puissamment sur son épaule.

Le prêtre se cramponna à la traverse de bois qui servait d'appui à la fenêtre, lui même était d'une force proverbiale, et ce n'eut pas été chose facile à Hercule de lui faire lâcher prise.

Billot passa son bras comme une ceinture autour de la taille du prêtre, s'arc-bouta sur ses deux jambes, et d'une secousse à déraciner un chêne, il arracha l'abbé Fortier à la traverse de bois brisée entre ses mains.

Le fermier et le prêtre disparurent

dans les profondeurs de la chambre, et l'on n'entendit plus que les cris de l'abbé qui allaient s'éloignant, comme font les mugissements d'un taureau, qu'un lion de l'Atlas entraîne vers son repaire.

Pendant ce temps, Pitou avait ramené tremblants chantre, enfants de chœur, bedeau et suisse, tout cela, à l'exemple du serpent-concierge, s'était hâté de revêtir d'abord chappes et surplis, puis d'allumer les cierges et de préparer toutes choses pour la messe des morts.

On en était là quond on vit reparaître par la petite sortie donnant sur la place du Château, Billot que l'on attendait à la grande porte de la rue de Soissons.

Il traînait après lui le prêtre, et cela malgré sa résistance, d'un pas aussi rapide que s'il eût marché seul.

Ce n'était plus un homme, c'était une des forces de la nature, quelque chose comme un torrent ou une avalanche; rien d'humain ne semblait capable de lui résister; il eût fallu un élément pour lutter contre lui.

Le pauvre abbé, à cent pas de l'église cessa de résister.

Il était complètement dompté.

Tout le monde s'écarta pour laisser passer ces deux hommes.

L'abbé jeta un regard effaré sur la

porte brisée comme un carreau de vitre ; et voyant à leur place, leurs instruments, leurs hallebardes ou leurs livres à la main, tous ces hommes à qui il avait défendu de mettre le pied à l'église, il secoua la tête comme s'il eût reconnu que quelque chose de puissant, d'irrésistible, pesait non pas sur la religion, mais sur ses ministres.

Il entra dans la sacristie, et en sortit un instant après en officiant et le saint Sacrement à la main.

Mais au moment où après avoir monté les marches de l'autel et déposé le saint ciboire sur la table sainte, il se retournait pour dire les premières paroles de l'office, Billot étendit la main.

— Assez, mauvais serviteur de Dieu, dit-il, j'ai tenté de courber ton orgueil, voilà tout. Mais je veux qu'on sache qu'une sainte femme comme la mienne, peut se passer des prières d'un prêtre fanatique et haineux comme toi.

Puis, comme une grande rumeur montait sous les voûtes de l'église à la suite de ces paroles.

— S'il y a sacrilége, dit-il, que le sacrilége retombe sur moi.

Alors, se tournant vers l'immense cortège qui emplissait non-seulement l'église, mais encore la place de la mairie et celle du château.

— Citoyens, dit-il, au cimetière !

Toutes les voix répétèrent *au cimetière!*

Les quatre porteurs alors passèrent de nouveau les canons de leurs fusils sous le cercueil, enlevèrent le corps, et comme ils étaient venus, sans prêtre, sans chants d'église, sans aucune des pompes funéraires dont la religion a l'habitude de faire escorte à la douleur des hommes, ils s'acheminèrent, Billot conduisant le deuil, six cents personnes suivant le convoi, vers le cimetière, situé comme on s'en souvient, au bout de la ruelle à vingt-cinq pas de la maison de tante Angélique.

La porte du cimetière était fermée

comme celle de l'abbé Fortier, comme celle de l'église.

Là, chose étrange, devant ce faible obstacle, Billot s'arrêta.

La mort respectait les morts.

Sur un signe du fermier, Pitou courut chez le fossoyeur.

Le fossoyeur avait la clé du cimetière, c'était trop juste.

Cinq minutes après, Pitou rapportait non-seulement la clé, mais deux bêches.

L'abbé Fortier avait proscrit la pauvre morte de l'église, mais encore de la terre sainte.

Le fossoyeur avait reçu l'ordre de ne point creuser de tombe.

A cette dernière manifestation de la haine du prêtre contre le fermier, quelque chose de pareil à un frisson de menace, courut parmi les assistants. — S'il y eût eu dans le cœur de Billot le quart de ce fiel qui entre dans l'âme des dévots et qui avait l'air d'étonner Molière, Billot n'avait qu'un mot à dire, et l'abbé Fortier avait enfin la satisfaction de ce martyre qu'il avait appelé à grands cris le jour où il avait refusé de dire la messe sur l'autel de la patrie.

Mais Billot avait la colère du peuple et du lion, — il déchirait, broyait, brisait en passant, mais ne revenait point sur ses pas.

Il fit un signe de remerciement à Pitou, dont il comprit l'intention, prit la clef de ses mains, ouvrit la porte, fit passer le cercueil le premier, le suivit, et fût lui-même suivi du cortège funéraire qui s'était recruté de tout ce qui pouvait marcher.

Les royalistes et les dévotes étaient seuls restés chez eux.

Il va sans dire que tante Angélique qui était de ces dernières avait fermé sa porte avec terreur en criant, — à l'abomination de la désolation, et en appelant les foudres célestes sur la tête de son neveu.

Mais tout ce qui avait un bon cœur, un sens droit, l'amour de la famille, tout ce que révoltait la haine substituée à la miséricorde, la vengeance à la mansuétude, les trois quarts enfin de la ville étaient là, protestant non pas contre Dieu, non pas contre la religion, mais contre les prêtres et leur fanatisme.

Arrivé à l'endroit où aurait dû être la tombe, et où le fossoyeur, ignorant qu'il recevait l'ordre de ne point la creuser, avait déjà marqué sa place, Billot tendit la main à Pitou qui lui donna une de ses deux bêches.

Alors Billot et Pitou la tête découverte, au milieu d'un cercle de citoyens la tête découverte comme eux, sous le soleil dévorant des derniers jours de juillet, se mirent à creuser la fosse de la pauvre créature qui, pieuse et résignée s'il en fût, eut été bien étonnée si de son vivant on lui eut dit de quel scandale elle serait cause après sa mort.

Le travail dura une heure, et ni l'un ni l'autre des deux travailleurs n'eût l'idée de se relever avant qu'il fût fini.

Pendant ce temps on avait été cherché des cordes, et le travail achevé les cordes étaient prêtes.

Ce furent encore Billot et Pitou qui descendirent le cercueil dans la fosse.

Ces deux hommes rendaient si simplement et si naturellement ce devoir suprême à celle qui l'attendait, qu'aucun des assistants n'eût l'idée de leur offrir son aide.

On eût regardé comme un sacrilège de ne pas les laisser faire jusqu'au bout.

Seulement, aux premières pelletées de terre qui retentirent sur la bière de chêne, Billot passa sa main sur ses yeux, et Pitou sa manche.

Puis ils se remirent à repousser résolument la terre.

Quand ce fut fini, Billot jeta loin de

lui sa bêche et tendit ses deux bras à Pitou.

Pitou se jeta sur la poitrine du fermier.

— Dieu m'est témoin dit Billot que j'embrasse en toi tout ce qu'il y a de vertus grandes et simples sur la terre, la charité, le dévouement, l'abnégation, la fraternité, et que je dévouerai ma vie au triomphe de ces vertus.

Puis étendant la main sur la tombe.

— Dieu m'est témoin, dit-il encore, que je jure une guerre éternelle au roi qui m'a fait assassiner, aux nobles qui ont déshonoré ma fille, aux prêtres qui ont refusé la sépulture à ma femme.

Puis se tournant vers les spectateurs pleins de sympathie pour cette double adjuration.

— Frères, dit Billot, une nouvelle Assemblée va être convoquée à la place des traîtres qui siègent à cette heure aux feuillants, — voulez-vous de moi pour représentant à cette Assemblée et vous verrez si je sais tenir mes serments.

Un cri d'adhésion universelle répondit à la proposition de Billot, et dès cette heure, sur la tombe de sa femme, terrible autel, digne du serment terrible qu'il venait de recevoir, la candidature de Billot *fut posée* à l'assemblée législative.

Après quoi Billot ayant remercié ses compatriotes de la sympathie qu'ils venaient de lui montrer dans son amitié et dans sa haine, chacun, citadin ou paysan se retira chez soi, emportant dans son cœur cet esprit de propagande révolutionnaire à qui fournirent dans leur aveuglement ses armes les plus mortelles, ceux-là même, rois, nobles et prêtres, ceux-là même qu'il devait dévorer.

IX

Billot, député.

Les événements que nous venons de raconter, avaient produit une profonde impression, non-seulement sur les habitants de la ville de Villers-Cotterêts, — mais encore sur les fermiers des villages environnants.

Or les fermiers sont une grande puissance en matière d'élection, ils occupent chacun dix, vingt, trente journaliers et quoique le suffrage fut à cette époque à deux degrés, l'élection dépendait complètement de ce que l'on appelait *les campagnes.*

Or chaque homme, en quittant Billot et en venant lui donner une poignée de main, ne lui avait dit que ces quelques mots :

— Sois tranquille !

Et Billot était rentré à la ferme, tranquille en effet, car pour la première fois, il entrevoyait un puissant moyen de rendre à la noblesse et à la royauté, le mal qu'elles lui avaient fait.

Billot sentait, il ne raisonnait pas et son désir de vengeance était aveugle, — comme les coups qu'il avait reçus.

Il rentra à la ferme, sans dire un mot de Catherine, nul ne put savoir s'il avait connu sa présence momentanée à la ferme, — dans aucune circonstance depuis un an, il n'avait prononcé son nom, — sa fille était pour lui, comme si elle n'existait plus.

Il n'en était pas ainsi de Pitou, — il avait regretté du fond de son cœur que Catherine ne pût point l'aimer, mais en voyant Isidore, en se comparant à l'élégant jeune homme, il avait parfaitement compris que Catherine aimât et non lui.

Il avait envié Isidore, mais il n'en avait point voulu mal à Catherine, — bien au contraire, il l'avait toujours aimée avec un dévouement profond, absolu, — dire que ce dévouement était complètement exempt d'angoisses, ce serait mentir, mais ces angoisses mêmes qui serraient le cœur de Pitou à chaque preuve nouvelle d'amour que Catherine donnait à son amant, prouvaient l'ineffable bonté de ce cœur.

Isidore tué à Varennes, — Pitou n'avait plus éprouvé pour Catherine qu'une profonde pitié, — c'était alors que rendant parfaitement justice au jeune homme, tout au contraire de Billot, il s'était souvenu de tout ce qu'il y avait de beau, de bon et de généreux, dans celui qui sans s'en douter avait été son rival.

Il en était résulté ce que nous avons vu, c'est que non-seulement Pitou avait peut-être aimé davantage encore Catherine triste et vêtue de deuil, qu'il n'avait aimé Catherine joyeuse et coquette, mais de plus c'est que, chose qu'on eût crue impossible, il en était arrivé à aimer presqu'autant qu'elle, le pauvre petit orphelin.

On ne s'étonnera donc point qu'après avoir pris congé de Billot, comme les autres, Pitou, au lieu de se diriger du côté de la ferme, se soit acheminé vers Haramont.

Au reste, on était tellement habitué aux disparitions et aux retours inattendus de Pitou, qui malgré la haute position qu'il occupait dans le village, comme capitaine, personne ne s'inquiétait plus de ses absences. Pitou parti, on se répétait tout bas :

— Le général Lafayette a fait demander Pitou et tout était dit.

Pitou de retour, on lui demandait des nouvelles de la capitale et comme Pitou en donnait, grâce à Gilbert, des plus fraiches et des meilleures, que, quelques jours après ces nouvelles données, on voyait les prédictions de Pitou se réaliser, on continuait d'avoir en lui la plus aveugle confiance, — non-seulement comme capitaine, mais comme prophète.

De son côté Gilbert savait tout ce qu'il y avait de bon et de dévoué dans Pitou, il sentait qu'à un moment donné c'était un homme à qui il pouvait confier sa vie, — la vie de Sébastien, un trésor, une mission, tout ce que l'on remet enfin avec confiance à la loyauté et à la force. — Chaque fois que Pitou allait à Paris, Gilbert, sans que cela fit le moins du monde rougir Pitou, demandait à Pitou s'il avait besoin de quelque chose,

— presque toujours Pitou répondait :
Non monsieur Gilbert, — ce qui n'empêchait pas M. Gilbert de donner à Pitou quelques louis que Pitou mettait dans sa poche.

Quelques louis pour Pitou avec ses ressources particulières et la dîme qu'il prélevait en nature sur la forêt du duc d'Orléans, c'était une fortune, aussi Pitou n'avait-il jamais vu la fin de ses quelques louis, quand il revoyait M. Gilbert et qu'une poignée de main du docteur renouvelait dans ses poches la source du Pactole.

On ne s'étonnera donc point que dans la disposition où était Pitou à l'endroit de Catherine et d'Isidore, il se séparât hâtivement de Billot, pour savoir ce qu'étaient devenus la mère et l'enfant.

Son chemin, en allant à Haramont, était de passer par la pierre Clouise. A cent pas de la hutte, il rencontra le père Clouis qui revenait avec un lièvre dans sa carnassière.

C'était son jour de lièvre.

En deux mots, le père Clouis annonça à Pitou que Catherine était venue lui redemander son ancien gîte qu'il s'était hâté de lui rendre, — elle avait beaucoup pleuré, la pauvre enfant, en rentrant dans cette chambre, où elle avait mis son fils au monde, et où Isidore lui avait donné de si vives preuves d'amour.

Mais toutes ces tristesses n'étaient point sans une espèce de charme, — quiconque a éprouvé une grande douleur sait que les heures cruelles sont celles où les larmes taries cessent de couler ; les heures douces et heureuses, celles où l'on retrouve les larmes.

Aussi quand Pitou se présenta au seuil de la hutte, il trouva Catherine assise sur son lit, les joues humides, son enfant entre ses bras.

En voyant Pitou, — Catherine posa l'enfant sur ses deux genoux et tendit les mains et le front au jeune homme, Pitou lui prit, tout joyeux, les deux mains, l'embrassa au front et l'enfant se trouva un instant abrité sous l'arche que faisait au-dessus de lui, ces mains serrées, ces lèvres de Pitou, appuyées au front de sa mère.

Puis tombant à genoux devant Catherine et baisant les petites mains de l'enfant.

— Ah! mademoiselle Catherine, dit Pitou, soyez tranquille, je suis riche, — M. Isidore ne manquera de rien.

Pitou avait quinze louis, — il appelait cela : être riche.

Catherine, bonne elle-même d'esprit

et de cœur, appréciait tout ce qui était bon.

— Merci, monsieur Pitou, dit-elle, — je vous crois et suis heureuse de vous croire, car vous êtes mon unique ami et si vous nous abandonniez *nous* serions seuls sur la terre, — mais vous ne nous abandonnerez jamais, — n'est-ce pas ?

— Oh! mademoiselle, dit Pitou, en sanglotant, ne dites pas de ces choses-là, — vous me ferez pleurer toutes les larmes de mon corps.

Et en effet Pitou pleurait si fort qu'il était prêt à suffoquer.

— J'ai tort, dit Catherine, — j'ai tort, excusez-moi.

— Non, dit Pitou, — non, vous avez raison au contraire, c'est moi qui suis bête de pleurer ainsi.

— Monsieur Pitou, — dit Catherine, j'ai besoin d'air, — donnez-moi le bras que nous nous promenions un peu sous les grands arbres, je crois que cela me fera du bien.

— Et à moi aussi, Mademoiselle, dit Pitou, car je sens que j'étouffe.

L'enfant, lui, n'avait pas besoin d'air ; il avait largement pris sa nourriture au sein maternel, — il avait besoin de dormir.

Catherine le coucha sur son lit et donna le bras à Pitou.

Cinq minutes après, ils étaient sous les grands arbres de la forêt, magnifique temple élevé par la main du Seigneur à la Nature, sa divine, son éternelle fille.

Malgré lui, — cette promenade pendant laquelle Catherine s'appuyait sur son bras, — lui rappelait cette promenade qu'il avait faite, deux ans et demi auparavant, le jour de la Pentecôte, conduisant Catherine à la salle de bal, où, à sa grande douleur, Isidore avait dansé avec elle.

Que d'événements passés pendant ces deux ans et demi et combien, sans être un philosophe à la hauteur de M. de

Voltaire ou de M. Rousseau, Pitou comprenait que lui et Catherine n'étaient que des atômes emportés dans le tourbillon général.

Mais ces atômes, dans leur infimité, n'en avaient pas moins, comme de grands seigneurs, comme les princes, comme le roi, comme la reine, leurs joies et leurs douleurs, — cette meule, qui, en tournant aux mains de la fatalité, broyait les couronnes et mettait les trônes en poussière, avait broyé et mis en poussière le bonheur de Catherine, ni plus ni moins que si elle eût été assise sur un trône et eût porté une couronne sur la tête.

En somme, au bout de deux ans et

demi, voici la différence que cette révolution, à laquelle il avait contribué si puissamment, sans d'ailleurs savoir ce qu'il faisait, avait apporté dans la situation de Pitou.

Il y a deux ans et demi, — Pitou était un pauvre petit paysan chassé par tante Angélique, recueilli par Billot, protégé par Catherine, — sacrifié à Isidore.

Aujourd'hui, Pitou était une puissance, il avait un sabre au côté, — des épaulettes sur les épaules, on l'appelait capitaine ; — Isidore était tué, et c'était lui, Pitou, qui protégeait Catherine et son enfant.

Cette réponse de Danton à la personne qui lui demandait :

— Dans quel but faites-vous une révolution?

— Pour mettre dessous ce qu'il y a dessus, et mettre dessus ce qu'il y a dessous.

Etait donc, relativement à Pitou, d'une parfaite exactitude.

Mais on l'a vu, le bon, le modeste Pitou, quoique toutes ces idées lui trottassent dans la tête, le bon, le modeste Pitou, n'en prenait aucun avantage, et c'était lui, qui, à genoux, suppliait Catherine de permettre qu'il la protégeât, elle et son enfant.

Catherine, de son côté, comme

tous les cœurs souffrants, avait une appréciation bien plus fine dans la douleur que dans la joie. — Pitou, qui, au temps de son bonheur, n'était pour elle qu'un bon garçon sans conséquence, devenait la bonne et sainte créature qu'il était réellement, c'est-à-dire l'homme de la bonté, de la candeur et du dévouement ; il en résulta que, malheureuse et ayant besoin d'un ami, elle comprit que Pitou était juste cet ami qu'il lui fallait, et que, toujours reçu par Catherine, avec une main étendue vers lui, avec un charmant sourire sur les lèvres, il commença de mener une vie de laquelle il n'avait jamais eu d'idée, même dans ses rêves du paradis.

Pendant ce temps, Billot, toujours

muet à l'endroit de sa fille, poursuivait, tout en faisant sa moisson, son idée d'être nommé député à la Législative; un seul homme l'eût emporté sur lui, s'il avait eu la même ambition; mais, tout entier à son amour et à son bonheur, le comte de Charny, enfermé avec Andrée dans son château de Boursonne, savourait toutes les joies d'une félicité inattendue; le comte de Charny, oublieux du monde entier, se croyant oublié par lui, le comte de Charny n'y songeait même pas.

Il en résulte que, rien ne s'opposant dans le canton de Villers-Cotterêts à l'élection de Billot, — Billot fut élu député à une majorité immense.

Billot élu, il s'occupa de réaliser le plus d'argent possible. — L'année avait été bonne, il fit la part de ses propriétaires, réserva la sienne, garda ce qu'il lui fallait de grain pour les semailles, ce qu'il lui fallait d'avoine, de paille et de foin pour la nourriture de ses chevaux, ce qu'il lui fallait d'argent pour la nourriture de ses hommes, et un matin, il fit venir Pitou.

Pitou, comme nous l'avons dit, allait de temps en temps faire sa visite à Billot; Billot recevait toujours Pitou la main ouverte, lui offrant à déjeuner, si c'était l'heure du déjeuner, à dîner, si c'était l'heure du dîner, un verre de vin ou de cidre, si c'était l'heure seulement de boire un verre de cidre ou de vin.

Mais jamais Billot n'avait envoyé chercher Pitou.

Ce n'était donc pas sans inquiétude que Pitou se rendait à la ferme.

Eh bien ! — Billot était plus grave encore que de coutume.

Il tendit cependant, comme d'habitude, la main à Pitou, serra celle que Pitou lui tendait, avec plus de vigueur que d'ordinaire, et la retint même dans la sienne.

Pitou regardait le fermier avec étonnement.

— Pitou ! lui dit celui-ci, — tu es un honnête homme.

— Dame ! monsieur Billot, répondit Pitou, — je le crois.

— Et moi, j'en suis sûr.

— Vous êtes bien bon, monsieur Billot, dit Pitou.

— J'ai donc décidé que, moi partant, — c'est toi Pitou qui serait à la tête de la ferme.

— Moi, Monsieur, dit Pitou étonné, — impossible !

— Pourquoi ? impossible.

— Mais, monsieur Billot, parce qu'il

y a une quantité de détails où l'œil d'une femme est indispensable.

— Je le sais, répondit Billot. — Tu choisiras toi-même la femme qui partagera la surveillance avec toi. — Je ne te demande pas son nom. — Je n'ai pas besoin de le savoir ; et quand je serai pour venir à la ferme, je te préviendrai huit jours d'avance, afin que, si je ne devais pas voir cette femme, ou qu'elle ne dût pas me voir, elle eût le temps de s'éloigner.

— Bien, monsieur Billot, — dit Pitou.

— Maintenant, continua Billot, il y a dans l'aire le grain nécessaire aux semailles, — dans les greniers le foin, la paille et l'avoine nécessaires à la nourriture des chevaux, et dans ce tiroir, l'argent nécessaire au salaire et à la nourriture des hommes.

Billot ouvrit un tiroir plein d'argent.

— Un instant, un instant, monsieur Billot, dit Pitou, combien y a-t-il dans ce tiroir?

— Je n'en sais rien, dit Billot, en le repoussant, en le fermant à clef, et en donnant la clef à Pitou. — Quand tu n'auras plus d'argent, tu m'en demanderas.

Pitou comprit tout ce qu'il y avait de

confiance dans cette réponse, il ouvrit ses deux bras pour embrasser Billot; puis, tout-à-coup s'apercevant que c'était bien hardi à lui, ce qu'il venait de faire :

— Ah! pardon! monsieur Billot, dit-il, — mille fois pardon.

— Pardon de quoi? mon ami, demanda Billot, tout attendri de cette humilité; pardon de ce qu'un honnête homme a jeté ses deux bras en avant pour embrasser un autre honnête homme. Allons, viens, Pitou, — viens, — embrasse-moi.

Pitou se jeta dans les bras de Billot.

— Et si, par hasard, vous aviez besoin de moi là-bas, lui dit-il.

— Sois tranquille, Pitou, je ne t'oublierai pas.

Puis il ajouta :

— Il est deux heures de l'après-midi, — je pars pour Paris à cinq heures ; à six heures, tu peux être ici avec *la femme* que tu auras choisie pour te seconder.

— Bien, alors, dit Pitou, — je n'ai pas de temps à perdre. Au revoir, cher monsieur Billot.

— Au revoir, Pitou.

Pitou s'élança hors de la ferme.

Billot le suivit des yeux tant qu'il le put voir ; puis, quand il eut disparu :

— Oh ! dit-il, pourquoi ma fille Catherine ne s'est-elle pas plutôt amourachée d'un brave garçon comme celui-là, que de cette vermine de noble, qui l'a laissé veuve sans être mariée, — mère sans être épouse.

Maintenant, inutile de dire qu'à cinq heures, Billot montait dans la diligence de Villers-Cotterêts à Paris, et qu'à six heures, Pitou, Catherine et le petit Isidore entraient à la ferme.

X

Aspect de la nouvelle chambre.

C'était le 1ᵉʳ octobre que devait avoir lieu, la première séance de la Législative.

Billot, comme les autres députés, arrivait vers la fin de septembre.

La nouvelle Assemblée se composait

de sept cent quarante-cinq membres.

Sur ces sept cent quarante-cinq membres, on comptait :

Quatre cents avocats et légistes.

Soixante-douze littérateurs, journalistes et poètes.

Soixante-dix prêtres constitutionnels, c'est-à-dire ayant prêté serment à la Constitution.

Les deux cent trois autres députés étaient des propriétaires et des fermiers comme Billot, propriétaires et fermiers à la fois, ou des hommes exerçant des professions libérales et même manuelles.

Au reste, le caractère particulier sous lequel apparaissaient les nouveaux députés, c'était la jeunesse, la majeure partie d'entre eux n'avait pas plus de vingt-six ans, on eut dit une génération nouvelle et inconnue, envoyée par la France, pour rompre violemment avec le passé. — Bruyante, tempêtueuse, révolutionnaire, elle venait détrôner la tradition. — Presque tous d'esprit cultivé : — les uns poètes, comme nous l'avons dit, — les autres avocats, — les autres chimistes, pleins d'énergie et de grâce, d'une verve extraordinaire, d'un dévouement sans borne aux idées, fort ignorants des affaires d'État, inexpérimentés, parleurs, légers batailleurs, ils apportaient évidemment cette grande,

mais terrible chose qu'on appelle l'inconnu.

Or, l'inconnu, en politique, c'est toujours l'inquiétude, Condorcet et Brissot excepté, — on pouvait presque demander à chacun de ces hommes : *Qui êtes-vous ?*

En effet, où étaient les flambeaux et même les torches de la Constituante ? où étaient les Mirabeau, les Sieyès, les Dupont, les Bailly, les Robespierre, les Barnave, les Cazalès ?

Tout cela avait disparu : de place en place, comme égarées dans cette ardente jeunesse, quelques têtes blanches.

Tout le reste représentait la France

jeune ou virile, la France en cheveux noirs.

Belles têtes à couper pour une révolution, et qui furent coupées presque toutes.

Au reste, on sentait germer la guerre civile à l'intérieur, on sentait venir la guerre étrangère, — tous ces jeunes gens ce n'étaient point de simples députés, c'étaient des combattants. La Gironde, qui, en cas de guerre, s'était offerte toute entière depuis vingt jusqu'à cinquante ans, pour marcher à la frontière, la Gironde envoyait une avant-garde.

Cette avant-garde, c'étaient les Vergniaud, les Guadet, les Gensonné, les

Fonfrède, les Ducos. — C'était ce noyau enfin qui devait s'appeler la Gironde, et donner son nom à un parti qui, malgré ses fautes, est resté sympathique par ses malheurs.

Aux Girondins !

Nés d'un souffle de guerre, ils entraient d'un seul bond et comme des athlètes respirant le combat, dans l'arène sanglante de la vie politique.

Rien qu'en les voyant prendre tumultueusement leur place dans la chambre, on devine en eux ces souffles de tempête qui feront les orages du 20 juin, du 10 août et du 21 janvier.

Plus de côté droit, la droite est supprimée, par conséquent, plus d'aristocrates.

L'Assemblée toute entière est armée contre deux ennemis.

Les nobles, les prêtres.

S'ils résistent, le mandat qu'elle a reçu est de briser leur résistance.

Quant au roi, on a laissé la conscience des députés, juge de la conduite que l'on doit tenir envers lui. — On le plaint, on espère qu'il échappera au triple pouvoir, de la reine, de l'aristocratie et du clergé, — s'il les soutient, on le brisera avec eux.

On n'appelle plus le roi, — le roi, ni Louis XVI, ni majesté.

On l'appelle le pouvoir exécutif.

Le premier mouvement des députés en entrant dans cette salle qui leur était complètement inconnue comme distribution, fut de regarder autour d'eux.

De chaque côté s'ouvrait une grande tribune réservée.

— Pour qui ces deux tribunes, demandèrent plusieurs voix.

— Les tribunes des députés sortants, répondit l'architecte.

— Oh! oh! murmura Vergniaud, — qu'est-ce à dire, — un comité censorial,

— la Législative est-elle une chambre de représentants de la nation ou une classe d'écoliers ?

— Attendons, dit Héraut de Sechelle, nous verrons comment se conduiront nos maîtres.

— Huissier! cria Thuriot, vous leur direz au fur et à mesure qu'ils entreront, qu'il y a dans l'Assemblée un homme qui a failli jeter le gouverneur de la Bastille du haut en bas de ses murailles, et que cet homme s'appelle Thuriot.

Un an et demi après, cet homme s'appelait tue-roi.

Le premier acte de la nouvelle Assemblée, fut d'envoyer une députation aux Tuileries.

Le premier acte de la vieille royauté fut une imprudence.

Ce fut un ministre qui reçut les députés.

— Messieurs, dit-il, le roi ne peut pas vous recevoir en ce moment, revenez à trois heures.

Les députés se retirèrent.

— Eh bien ! dirent les autres membres en les voyant rentrer : — déjà !

— Citoyens, dit un des envoyés, le roi n'est pas prêt, et nous avons trois heures devant nous.

— Eh bien! cria de sa place le cul-de-jatte Couthon, utilisons ces trois heures.

Je propose de supprimer le titre de majesté.

Un hurrah universel répondit: le titre de majesté fut supprimé par acclamation.

— Comment appellera-t-on le pouvoir exécutif? demanda alors une voix.

— On l'appellera — le Roi des Français, répondit une autre voix. C'est un assez beau titre, pour que monsieur Capet s'en contente.

Tous les yeux se tournèrent vers

l'homme qui venait d'appeler le roi de France *monsieur Capet.*

On vit un homme d'une taille athlétique, vêtu en campagnard, avec une large cicatrice à la tempe gauche.

C'était Billot.

— Va pour *le Roi des Français,* cria-t-on presque unanimement.

— Attendez, dit Couthon, — il nous reste encore deux heures, j'ai une proposition nouvelle à faire.

— Faites! crièrent toutes les voix.

— Je propose qu'à l'entrée du roi on se lève, mais que le roi une fois entré, on s'asseie et l'on se couvre.

Il y eut pendant un instant un tumulte terrible : les cris d'adhésion étaient tellement violents, qu'on put pendant longtemps les prendre pour des cris d'opposition.

Enfin, lorsque le bruit se calma, on s'aperçut que tout le monde était d'accord.

La proposition était adoptée.

Couthon jeta les yeux sur la pendule.

— Nous avons encore une heure, dit-il, j'ai une troisième proposition à faire.

— Dites, dites! crièrent toutes les voix.

—Je propose, dit Couthon, de cette

voix suave qui, selon l'occasion, savait vibrer d'une façon si terrible : — Je propose qu'il n'y ait plus de trône pour le roi, mais un simple fauteuil.

L'orateur fut interrompu par des applaudissements.

— Attendez, attendez, dit-il en levant la main, je n'ai pas fini. Le silence se rétablit aussitôt.

— Je propose que le fauteuil du roi soit à gauche du président.

— Mais, dit une voix, c'est non-seulement supprimer le trône, mais subordonner le roi.

— Je propose, répéta Couthon, de

supprimer non-seulement le trône, mais de subordonner le roi.

Ce furent d'effroyables acclamations : — il y avait tout le 20 juin et tout le 10 août dans ces terribles battements de mains.

— C'est bien, citoyens, dit Couthon, les trois heures sont écoulées, — je remercie le roi des Français de nous avoir fait attendre, nous n'avons pas perdu notre temps en l'attendant.

La députation retourna aux Tuileries.

Cette fois le roi la reçut ; mais c'était un parti pris.

— Messieurs, dit-il, je ne puis que dans trois jours me rendre à l'Assemblée.

Les députés se regardèrent.

— Alors, Sire, dirent-ils, ce sera pour le 4.

— Oui, Messieurs, répondit le roi, ce sera pour le 4.

Et il leur tourna le dos.

Le 4 octobre, le roi fit dire qu'il était souffrant, et ne se rendrait à la séance que le 7.

Cela n'empêcha point que le 4, en l'absence du roi, la Constitution de 1791, c'est-à-dire, l'œuvre la plus importante de la dernière Assemblée, ne fit son entrée dans l'Assemblée nouvelle.

Elle était entourée et gardée par les douze députés les plus âgés de la Constituante.

— Bon! dit une voix, voilà les douze vieillards de l'apocalypse.

L'archiviste Camus la portait, — il monta avec elle à la tribune, et la montrant au peuple :

— Peuple, dit-il, comme un autre Moïse, voilà les tables de ta loi.

Alors commença la cérémonie du serment.

Toute l'Assemblée défila triste et froide, beaucoup savaient d'avance que cette constitution impuissante ne vivrait pas un an.

On jura pour jurer, parce que c'était une cérémonie imposée.

Les trois quarts de ceux qui juraient étaient décidés à ne pas tenir leur serment.

Cependant le bruit des trois décrets rendus, se répandait dans Paris.

Plus de majesté.

Plus de trône.

Un simple fauteuil à la gauche du président.

C'était à peu de chose près, dire :

Plus de roi.

L'argent fut le premier qui, comme toujours, eut peur.

Les fonds baissèrent effroyablement.

Les banquiers commençaient à craindre.

Le 9 octobre s'opérait un grand changement.

Au terme de la loi nouvelle, il n'y avait plus de commandant général.

Le 9 octobre Lafayette devait donner sa démission, et chacun des six chefs de division commanderait à son tour.

Le jour fixé pour la séance royale arriva : — c'était le 7.

Le roi entra.

Tout au contraire de ce que l'on eût pu attendre, tant le prestige était grand encore, à l'entrée du roi, non-seulement on se leva, non-seulement on se découvrit, mais encore d'unanimes applaudissements éclatèrent.

L'Assemblée cria : *Vive le roi!*

Mais à l'instant même, comme si les royalistes eussent voulu porter un défi aux nouveaux députés, les tribunes crièrent :

— *Vive Sa Majesté!*

Un long murmure courut sur les bancs des représentants de la nation, les yeux se levèrent sur les tribunes, et l'on s'aperçut que c'était surtout des tribunes réservées aux anciens constituants que ces cris étaient partis.

— C'est bien, Messieurs, dit Couthon, demain on s'occupera de vous.

Le roi fit signe qu'il voulait parler.

On écouta.

Le discours qu'il prononça, composé par Duport-Dutertre, était de la plus haute habileté et fit un grand effet sur l'Assemblée ; — il roulait tout entier sur la nécessité de maintenir l'ordre et de se rallier à l'amour de la patrie.

Pastoret était président,

Pastoret était royaliste.

Le roi avait dit dans son discours qu'il avait besoin d'être aimé.

— Et nous aussi, Sire, nous avons besoin d'être aimés de vous, s'écria Pastoret.

A ces mots, toute la salle éclata en applaudissements.

Le roi, dans son discours, supposait la révolution finie.

Un instant l'Assemblée toute entière le crut comme lui.

Il n'eût point fallu pour cela, Sire, être le roi volontaire des prêtres, le roi involontaire des émigrés.

Au reste, l'impression produite à l'Assemblée se reproduisit à l'instant même dans Paris.

Le soir, le roi alla au théâtre avec sa famille.

Il fut reçu par un tonnerre d'applaudissements.

Beaucoup pleuraient, et lui-même, si peu accessible qu'il fût à cette sorte de sensibilité, versa des larmes.

Pendant la nuit, le roi écrivit à toutes

les puissances pour leur annoncer son acceptation de la constitution de 1791.

Vous vous rappelez, au reste, qu'un jour, dans un moment d'enthousiasme, il avait juré cette constitution avant même qu'elle fût achevée.

Le lendemain, Couthon se souvint de ce qu'il avait promis la veille aux constituants.

Il annonça qu'il avait une motion à faire.

On connaissait les motions de Couthon.

Chacun fit silence.

— Citoyens, dit Couthon, je demande

qu'on fasse disparaître de cette Assemblée toute trace de priviléges, et que, par conséquent, toutes les tribunes soient ouvertes au public.

La motion passa à l'unanimité.

Le lendemain le peuple avait envahi les tribunes des anciens députés, et devant cet envahissement, l'ombre de la constituante avait disparu.

XI

La France et l'étranger.

Nous l'avons dit, la nouvelle Assemblée était particulièrement envoyée contre les nobles et contre les prêtres.

C'était une véritable croisade; seulement, les étendards, au lieu de *Dieu le veut*, portaient cette légende : *Le peuple le veut.*

Le 9 octobre, jour de la démission de Lafayette, Gallois et Gensonné lurent leur rapport sur les troubles religieux de la Vendée.

Il était sage, modéré, et par cela même fit une impression profonde.

Qui l'avait inspiré, sinon écrit ?

Un politique fort habile que nous verrons bientôt faire son entrée sur la scène et dans notre livre :

Dumouriez.

L'Assemblée fut tolérante.

Un de ses membres, Fauchet, demanda seulement que l'État cessât de payer les prêtres qui déclareraient ne point vouloir obéir à la voix de l'État, en donnant cependant des pensions à ceux des réfractaires qui seraient vieux et infirmes.

Ducos alla plus loin, il invoqua la tolérance, il demanda qu'on laissât toute liberté de faire ou de ne pas faire serment.

Plus loin encore alla l'évêque constitutionnel Torné.

Il déclara que le refus même des prêtres tenait à de grandes vertus.

Nous allons voir tout à l'heure comment les dévots d'Avignon répondirent à cette tolérance.

Après la discussion non terminée cependant sur les prêtres constitutionnels, on passa aux émigrés.

C'était aller de la guerre intérieure à la guerre extérieure, c'est-à-dire toucher les deux blessures de la France.

Faucher avait traité la question du clergé, Brissot traita celle de l'émigration.

Il la prit de son côté élevé et humain.

Il la prit où Mirabeau, un an auparavant, l'avait laissé tomber de ses mains mourantes.

Il demanda que l'on fît une différence entre l'émigration de la peur et celle de la haine.

Il demanda qu'on fût indulgent pour l'une.

Sévère pour l'autre.

A son avis, on ne pouvait enfermer les citoyens dans le royaume, il leur en fallait, au contraire, laisser toutes les portes ouvertes.

Il ne voulut pas même de confiscation contre l'émigration de la haine.

Il demanda seulement que l'on cessât

de payer ceux qui s'étaient armés contre la France.

Chose merveilleuse, en effet, la France continuait de payer à l'étranger les traitements des Condé, des Lambecs, des Charles de Lorraine.

Nous allons voir tout à l'heure comment les émigrés répondirent à cette douceur.

Comme Fauchet achevait son discours, on eut des nouvelles d'Avignon.

Comme Brissot avait à peine achevé le sien, on eut des nouvelles d'Europe.

Puis une grande lueur apparut au couchant comme un immense incendie.

C'étaient des nouvelles d'Amérique.

Commençons par Avignon.

Disons en peu de mots l'histoire de cette seconde Rome.

Benoît XI venait de mourir en 1304 d'une façon scandaleusement subite.

Aussi disait-on qu'il avait été empoisonné par des figues.

Philippe-le-Bel, qui avait souffleté Boniface VIII par la main de Colonna, avait les yeux fixés sur Pérouse, où se tenait le concile.

Depuis longtemps il avait l'idée de tirer la papauté de Rome et de l'amener en France, puis, une fois qu'il la tiendrait dans sa geôle, de la faire travailler à son profit, et, comme dit notre grand maître Michelet, pour lui dicter des bulles lucratives, exploiter son infaillibilité et constituer le Saint-Esprit, comme Scribe, en percepteur pour la maison de France.

Un jour il lui arriva un messager couvert de poussière, mourant de fatigue, pouvant à peine parler.

Il venait lui apporter cette nouvelle.

Le parti français et le parti anti-français se balançaient si bien au conclave, qu'aucun pape ne sortant des scrutins, que l'on parlait de rassembler dans une autre ville un autre conclave.

Cette résolution n'arrangeait point les Perrugins, qui tenaient à honneur qu'un pape fût fait dans leur ville.

Aussi usèrent-ils d'un moyen ingénieux.

Ils établirent un cordon autour du conclave pour empêcher que l'on portât à manger et à boire aux cardinaux.

Les cardinaux jetèrent les hauts cris.

— Nommez un pape, crièrent les Perrugins, et vous aurez à boire et à manger.

Les cardinaux tinrent vingt-quatre heures.

Au bout de vingt-quatre heures ils se décidèrent.

Il fut décidé que le parti anti-français choisirait trois cardinaux, et que le parti français, dans ces trois candidats, choisirait un pape.

Le parti anti-français choisit trois ennemis déclarés de Philippe-le-Bel.

Mais au nombre de ces trois ennemis de Philippe-le-Bel, était Bertrand de Gott, archevêque de Bordeaux, que l'on savait plus ami de son intérêt encore qu'ennemi de Philippe-le-Bel.

Un messager partit porteur de cette nouvelle.

C'était ce messager qui avait fait la route en quatre jours et quatre nuits, et qui arrivait mourant de fatigue.

Il n'y avait pas de temps à perdre.

Philippe-le-Bel donna rendez-vous dans la forêt des Andelys, à Bertrand de Gott, qui ignorait complétement encore le haut rang auquel il était promu.

C'était par une nuit sombre, qui ressemblait à une nuit d'évocation, dans un carrefour auquel aboutissaient trois chemins ; c'était dans des conditions pareilles que ceux qui voulait obtenir des faveurs surhumaines évoquaient le diable et en jurant d'être son homme lige, baisaient le pied fourchu de Satan.

Seulement pour rassurer l'archevêque sans doute, on commença par entendre une messe ; puis sur l'autel, au moment de l'élévation, le roi et le prélat se jurèrent le secret ; puis les cierges s'éteignirent, le desservant s'éloigna, suivi de ses enfants de chœur, et emportant la croix et les vases saints, craignant sans doute qu'il y eût profanation s'ils assistaient à ce qui allait se passer.

L'archevêque et le roi restèrent seuls.

Qui raconta ce que nous allons dire à Villani, chez lequel nous le lisons.

Satan, peut-être, qui, bien certainement, était en tiers dans l'entrevue.

— Archevêque, dit le roi à Bertrand de Gott, j'ai le pouvoir de te faire pape, si je veux, c'est pour cela que je suis venu vers toi.

— La preuve, demanda Bertrand de Gott.

— La preuve, la voici, dit le roi.

Et il lui montra une lettre de ses cardinaux, qui, au lieu de lui dire que le choix était fait, lui demandaient qui il fallait qu'ils choisissent.

— Que faut-il que je fasse pour être pape? demanda le Gascon, tout éperdu de joie, et se jetant aux pieds de Philippe-le-Bel.

— T'engager, répondit le roi, à me faire les six grâces que je te demanderai.

— Dites, mon roi, répondit Bertrand de Gott, je suis votre sujet, et c'est mon devoir de vous obéir.

Le roi le releva, le baisa sur la bouche et lui dit :

— Les six grâces spéciales que je te demande, sont les suivantes :

Bertrand de Gott écoutait de toutes ses oreilles, car il craignait, non pas que le roi lui demandât des choses qui compromissent son salut, mais des choses impossibles.

— La première, dit Philippe, est que tu me réconcilies avec l'Église, et me fasse pardonner le méfait que j'ai commis en arrêtant à Anagui le pape Boniface VIII.

— Accordé, se hâta de répondre Bertrand de Gott.

— La seconde est que tu rendes la communion à moi et à tous les miens.

Philippe-le-Bel était excommunié.

— Accordé, dit Bertrand de Gott;

étonné qu'on lui demandât si peu, pour le faire si grand.

Il est vrai qu'il restait encore quatre demandes à faire.

— La troisième est que tu m'accordes les décimes du clergé dans mon royaume pendant cinq ans, afin d'aider aux dépenses faites en la guerre de Flandre.

— Accordé.

— La quatrième est que tu annules et détruise la mémoire du pape Boniface.

— Accordé, accordé.

— La cinquième est que tu rendes la dignité de cardinal à messire Jacobo, et messire Pierre de Colonna, et qu'avec eux tu fasses cardinaux, certains miens amis.

— Accordé, accordé, accordé.

Puis, comme Philippe se taisait :

— Et la sixième, Monseigneur, demanda l'archevêque, avec inquiétude.

— La sixième, répondit Philippe-le-Bel, je me réserve d'en parler en temps et lieu, car c'est une chose grande et secrète.

— Grande et secrète ! répéta Bertrand de Gott.

— Si grande et si secrète, dit le roi,

que je désire que d'avance, tu me la jure sur le crucifix.

Et tirant un crucifix de sa poitrine, il le présenta à l'archevêque.

L'archevêque n'hésita pas un instant, c'était le dernier fossé à franchir.

Le fossé franchi, il était pape.

Il étendit la main sur l'image du Sauveur, et d'une voix ferme :

— Je jure, dit-il.

— C'est bien, dit le roi, dans quelle ville de mon royaume veux-tu être couronné, maintenant.

— A Lyon.

— Viens avec moi, tu es pape sous le nom de Clément V.

Clément V suivit Philippe-le-Bel assez inquiet de cette sixième demande que son suzerain se réservait de lui faire.

Le jour où il la lui fit, il vit que c'était bien peu de chose, aussi ne fit-il point de difficulté.

C'était la destruction de l'ordre du Temple.

Tout cela, n'était probablement pas tout-à-fait, selon le cœur de Dieu ; aussi Dieu montra-t-il son mécontentement d'une façon manifeste.

Au moment où en sortant de l'église où Clément V avait été couronné, le cortège passait devant un mur chargé de spectateurs, le mur s'écroula, blessa le roi, tua le duc de Bretagne, et renversa le pape.

La tiare tomba et, symbole de la papauté avilie, roula dans le ruisseau.

Huit jours après, dans un banquet donné par le nouveau pape, les gens de Sa Sainteté et ceux des cardinaux se prennent de querelle.

Le frère du pape, veut les séparer, il est tué.

C'étaient là de mauvais présages.

Puis, aux mauvais présages, se joignait le mauvais exemple, le pape rançonnait l'Eglise, mais une femme rançonnait le pape; cette femme, c'était la belle Brunissande Talleyrand de Périgord, qui, au dire des chroniqueurs du temps, coûtait plus cher à la chrétienté que la Terre-Sainte.

Et cependant le pape accomplissait ses promesses une à une; ce pape qu'avait fait Philippe, c'était son pape à lui; une espèce de poule aux œufs d'or qu'il faisait pondre soir et matin et à laquelle il menaçait d'ouvrir le ventre, si elle ne pondait pas.

Tous les jours, comme le marchand

de Venise, il levait une livre de chair à son débiteur, sur le membre qui lui convenait.

Enfin le pape Boniface VIII, déclaré hérétique et faux pape.

Le roi relevé de l'excommunication.

Les décimes du clergé accordés pour cinq ans.

Douze cardinaux nommés à la dévotion du roi.

La bulle de Boniface VIII qui fermait à Philippe-le-Bel la bourse du clergé, révoquée.

L'ordre du Temple aboli, et les templiers arrêtés ; il arriva que le 1ᵉʳ mai

1308, l'empereur Albert d'Autriche, mourut.

Alors Philippe-le-Bel eut l'idée de faire nommer son frère, Charles de Valois, à l'Empire.

C'était encore Clément V qui allait manœuvrer pour arriver à ce résultat.

Le servage de l'homme vendu se continuait : cette pauvre âme de Bertrand de Gott, scellée et bridée, devait être chevauchée par le roi de France jusqu'en enfer.

Elle eut enfin la velléïté de renverser son terrible cavalier.

Clément V, écrivit ostensiblement en faveur de Charles de Valois.

Secrètement contre lui.

A partir de ce moment, il fallait songer à sortir du royaume ; la vie du pape était d'autant moins en sûreté sur les terres du roi, que la nomination des douze cardinaux mettait les futures élections pontificales aux mains du roi de France.

Clément V se souvint des figues de Benoît XI.

Il était à Poitiers.

Il parvint à s'échapper de nuit et à gagner Avignon.

C'était la France, et ce n'était pas la France.

C'était une frontière, une terre d'asile, un reste d'empire, un vieux municipe, une république, comme Saint-Marin, seulement elle était gouvernée par deux rois.

Le roi de Naples, comme comte de Provence.

Le roi de France, comme comte de Toulouse.

Chacun avait la seigneurie d'une moitié d'Avignon.

Nul ne pouvait arrêter un fugitif sur la terre de l'autre.

Clément V se réfugia naturellement

dans la portion d'Avignon qui appartenait au roi de Naples.

Mais s'il échappait au pouvoir de Philippe-le-Bel, il n'échappait pas à la malédiction du grand maître du Temple.

En montant sur son bûcher du terre-plein de l'île de la cité, Jacques de Molay, avait adjuré ses deux bourreaux sur la sommation de leur victime, à comparaître à la fin de l'année devant Dieu.

Clément V obéit le premier à la funèbre requête : une nuit, il rêva qu'il voyait son palais en flammes ; depuis ce temps, dit son biographe, *il ne fut plus gai, et ne dura guère.*

Sept mois après, ce fut le tour de Philippe.

Comment mourut-il ?

Il y a deux versions sur sa mort :

L'une ou l'autre semble être une vengeance tombée de la main de Dieu.

La chronique traduite par Sauvage, le fait mourir à la chasse.

« Il vit venir le cerf vers lui, tira son
« épée, piqua son cheval des éperons,
« et croyant frapper le cerf; il fut par
« son cheval porté contre un arbre, de si
« grande raideur, que le bon roi tomba
« à terre, durement blessé au cœur, et
« fut porté à Corbeil. »

Là, au dire de la chronique, la maladie s'aggrava au point qu'il mourût.

On le voit, la maladie ne pouvait devenir plus grave.

Guillaume de Nangis, au contraire, raconte ainsi sa mort.

En proie à une maladie continue dont la cause était inconnue aux médecins, il fut non-seulement pour ceux-ci mais encore pour beaucoup d'autres, un sujet d'étonnement et d'admiration, car ni le poul, ni l'urine, n'indiquaient aucun symptôme de maladie ou aucun danger de mort.

Il n'y a pas jusqu'à Dante qui ne trouve une mort à l'homme de sa haine.

Il le fait éventrer par un sanglier.

« Il mourut par la couenne, le voleur qu'on a vu sur la Seine falsifiant la monnaie. »

Les papes qui habitaient Avignon, après Clément V, c'est-à-dire, Jean XXII, Benoît XII, Clément VI, n'attendaient qu'une occasion d'acheter Avignon.

Elle se présenta pour le dernier.

Une jeune femme encore mineure Jeanne de Naples, ne le vendit point, le donna, pour l'absolution d'un assassinat qu'avaient commis ses amants.

Majeure, elle réclama contre la cession, mais Clément VI tenait, et tenait bien.

Si bien que quand Grégoire XI reporta en 1377, le siège de la papauté à Rome, Avignon administrée par un légat, resta soumise au Saint-Siège.

Elle l'était encore en 1791, lorsqu'arrivèrent les événements qui sont cause de cette longue digression.

XII

La France et l'Étranger.

(Suite.)

Comme aux jours où Avignon était partagée entre le roi de Naples, comte de Provence et le roi de France, comte de Toulouse, — il y avait deux Avignon dans Avignon.

L'Avignon des prêtres.

L'Avignon des commerçants.

L'Avignon des prêtres avait cent églises, deux cents cloîtres, son palais du pape.

L'Avignon des commerçants avait son fleuve, ses ouvriers en soierie, son transit en croix, de Lyon à Marseille, de Nîmes à Turin.

Il n'y avait en quelque sorte dans cette malheureuse ville, les Français du roi et les Français du pape.

Les Français de la France étaient bien

Français, les Français d'Italie, étaient presque des Italiens.

Les Français de la France, c'est-à-dire les commerçants se donnaient bien de la peine, se donnaient bien du travail pour vivre, pour nourrir leurs femmes et leurs enfants et ils y réussissaient difficilement.

Les Français d'Italie, c'est-à-dire les prêtres, avaient tout, richesse et pouvoir, — c'étaient des abbés, des évêques, des archevêques, des cardinaux,— oisifs, élégants, hardis, — sigisbés des grandes dames, maîtres chez les femmes du peuple, qui s'agenouillaient sur leur passage pour baiser leurs blanches mains.

En voulez-vous un type.

Prenez le bel abbé Maury, — c'est un Franco-Italien du Comtat, s'il en fut, fils d'un cordonnier, aristocrate comme Lauzun, orgueilleux comme un Clermont-Tonnerre, — insolent comme un laquais.

Partout, — avant d'être homme et par conséquent d'avoir des passions — les enfants s'aiment.

A Avignon, on nait en se haïssant.

Le 14 septembre du temps de la Constituante, un décret du roi avait réuni à la France Avignon et le Comtat-Venaissin.

Depuis un an, Avignon était tantôt aux mains du parti français, tantôt aux main du parti anti-français.

L'orage avait commencé en 1790.

Pendant une nuit les papistes s'étaient amusés à pendre un mannequin, décoré des trois couleurs.

Le matin à cette vue Avignon bondit.

On arracha de leur maison quatre papistes, qui n'en pouvaient mais, — deux nobles, un bourgeois, un ouvrier, on les pendit à la place du mannequin.

Le parti français avait pour chefs deux jeunes gens, Duprat et Mainvielle, et un homme d'un certain âge, nommé Lescuyer.

C'était — ce dernier — un Français, dans toute la force du terme, il était Picard, d'un caractère ardent et réfléchi à la fois, établi à Avignon en qualité de notaire et de secrétaire de la municipalité.

Les trois chefs avaient levé quelques soldats, deux ou trois mille, peut-être, et avaient tenté avec eux sur Carpentras une expédition qui n'avait pas réussi.

La pluie, une pluie froide et glacée, mêlée de grêle, une de ces pluies qui descendent du mont Ventoux, avait dispersé l'armée de Mainvielle, de Duprat et de Lescuyer, comme la tempête avait fait de la flotte de Charles-Quint.

Qu'avait fait tomber cette pluie miraculeuse, qui avait eu la puissance de disperser l'armée révolutionnaire.

La vierge.

Mais Duprat, Mainvielle et Lescuyer soupçonnaient un catalan, nommé le chevalier Patrix, qu'ils avaient fait général, d'avoir si efficacement secondé la vierge dans le miracle, que c'était à lui qu'ils en attribuaient tout l'honneur.

A Avignon, justice est bientôt faite d'une trahison.

On tue le traître.

Patrix fut tué.

Or, de quoi se composait l'armée représentant le parti français?

De paysans, de portefaix, de déserteurs.

On chercha un homme du peuple, pour mettre à la tête de ces hommes du peuple.

Ils crurent avoir trouvé l'homme qu'il leur fallait, dans un nommé *Mathieu Jour,* qui se faisait appeler Jourdan.

Il était du Puy-en-Velay, il avait

d'abord été muletier, puis soldat, puis cabaretier à Paris.

A Avignon, il vendait de la garance.

C'était un vantard de meurtre, un fanfaron de crimes.

Il montrait un grand sabre, et disait, qu'avec ce sabre-là il avait coupé la tête au gouverneur de la Bastille et aux deux gardes-du-corps du 6 octobre.

Moitié railleries, — moitié craintes, au surnom de *Jourdan* qu'il s'était donné, le peuple avait ajouté celui de *coupe-tête*.

Duprat, Mainvielle, Lescuyer et leur

général Jourdan, coupe-tête, avaient été assez longtemps maîtres de la ville, pour que l'on commençât à les moins craindre.

Une sourde et vaste conspiration s'organisa contre eux, habile et ténébreuse, comme sont les conspirations des prêtres.

Il s'agissait de réveiller les passions religieuses.

La femme d'un patriote français, avait accouché d'un enfant sans bras.

Le bruit se répandit que le patriote, en enlevant la nuit un ange d'argent, dans une église, lui avait cassé le bras.

L'enfant infirme n'était rien autre chose qu'une punition du ciel.

Le père fut obligé de se cacher, on l'eut mis en morceaux sans même s'informer dans quelle église, l'ange avait été volé.

Mais c'était surtout la vierge qui protégeait les royalistes qu'ils fussent chouans en Bretagne, ou papistes à Avignon.

En 1789, la vierge s'était mise à pleurer dans une église de la rue du Bac.

En 1790, elle avait apparu dans le Bocage vendéen, derrière un vieux chêne.

En 1781, elle avait dispersé l'armée de Duprat et Mainvielle en lui soufflant de la grêle au visage.

Enfin, dans l'église des Cordeliers, elle se mit à rougir, de honte sans doute, sur l'indifférence du peuple d'Avignon.

Ce dernier miracle, constaté par les femmes surtout, les hommes n'y avaient pas grande foi, avait déjà élevé les esprits à une certaine hauteur, lorsqu'un bruit, bien autrement émouvant, se répandit dans Avignon.

Un grand coffre d'argenterie avait été transporté hors de la ville.

Le lendemain ce n'était plus un coffre, mais six coffres.

Le surlendemain, c'étaient dix-huit malles pleines.

Et, quelle était l'argenterie que contenait ces dix-huit malles.

Les effets du mont-de-piété, que le parti français, en évacuant la ville, emportait, disait-on, avec lui.

A cette nouvelle, un vent d'orage passa sur Avignon, ce vent, c'est le fameux *zou! zou!* qui siffle dans les éléments et qui tient le milieu, entre le rauquement du tigre et le sifflement du serpent.

La misère était si grande à Avignon, que chacun avait engagé quelque chose.

Si peu qu'eût engagé le plus pauvre, il se crut ruiné.

Le riche est ruiné pour un million, le pauvre pour une guenille.

Tout est relatif.

C'était le 16 octobre.

Un dimanche matin.

Tous les paysans des environs étaient venus entendre la messe dans la ville.

On ne marchait qu'armé à cette

époque, — ils étaient tous armé.

Le moment était donc bien choisi.

De plus, le coup était bien joué.

Là, il n'y avait plus, ni parti français, ni parti anti-français.

— Il y avait des voleurs, des voleurs qui avaient commis un vol infâme, qui avaient volé les pauvres !

La foule affluait à l'église des Cordeliers, — paysans, — citadins, — artisans, portefaix, — blancs, — rouges, — tricolores, — criant qu'il fallait, qu'à l'instant même, sans retard, la municipalité leur rendit des comptes, par l'organe de son secrétaire Lescuyer.

Pourquoi la colère du peuple s'était-elle portée sur Lescuyer ?

On l'ignore ; quand une vie doit être violemment arrachée à un homme, il y a de ces fatalités-là.

Tout-à-coup, au milieu de l'église, on amena Lescuyer.

Il se réfugiait à la municipalité, lorsqu'il avait été reconnu, arrêté, — non pas arrêté, poussé, à coups de poings, à coups de pieds, à coups de bâtons dans l'église.

Une fois dans l'église, le malheureux, pâle, mais cependant froid et calme, monta dans la chaire et commença de se justifier.

C'était facile, — il n'avait qu'à dire.

— Ouvrez et montrez le mont-de-piété au peuple, et il verra que tous les objets qu'on nous accuse d'avoir emportés y sont encore.

Et il commença :

— Mes frères, — j'ai cru la révolution nécessaire j'y ai contribué de tout mon pouvoir.

Mais on ne le laissa pas aller plus loin,

on avait trop peur qu'il se justifiât.

Le terrible *zou! zou!* âpre comme le mistral, commença de mugir.

Un portefaix monta derrière lui dans la chaire et le jeta à cette meute.

A partir de ce moment, l'hallali sonna

On le tira vers l'autel.

C'était là qu'il fallait égorger le révolutionnaire, pour que le sacrifice fût agréable à la vierge, au nom de laquelle on agissait en tout ceci.

Dans le chœur, vivant encore, Lescuyer se dégagea des mains de ses assassins et se réfugia dans une stalle.

Une main charitable lui passa de quoi écrire.

Il fallait qu'il écrivît, ce qu'il n'avait pas eu le temps de dire.

Un secours inespéré lui donnait un peu de répit.

Un gentilhomme breton, qui par hasard passait, allant à Marseille, était entré dans l'église, et s'était pris de pitié pour la pauvre victime, avec le courage et l'entêtement d'un breton, il voulait le sauver. — Deux ou trois fois, il avait écarté les bâtons ou les couteaux prêts à le frapper, — en criant : — Messieurs, au nom de la loi ! — Messieurs, au nom de l'honneur ! — Messieurs, au nom de l'humanité !

Les couteaux et les bâtons se tournèrent alors vers lui, mais lui, sous les couteaux et les bâtons, couvrait encore le pauvre Lescuyer de son corps, en criant : Messieurs, au nom de l'humanité !

Enfin le peuple se lassa d'être si longtemps privé de sa curée, il prit à son tour le gentilhomme et l'emporta pour le pendre.

Mais trois hommes le dégagèrent en criant :

— Finissons-en avec Lescuyer d'abord, — nous le retrouverons toujours après.

Le peuple comprit la justesse de ce raisonnement et lâcha le breton.

On le força de se sauver.

Il se nommait M. de Rosily.

Lescuyer n'avait pas eu le temps d'écrire, — eut-il eu le temps, son billet n'eut pas été lu, il se faisait un trop grand tumulte.

Mais au milieu de ce tumulte, Lescuyer avisa derrière l'autel une petite porte de sortie, — s'il gagnait cette porte, peut-être était-il sauvé.

Il s'élança au moment où on le croyait écrasé de terreur.

Lescuyer allait l'atteindre, les assassins avaient été surpris à l'improviste, — mais au pied de l'autel, un ouvrier taffetassier lui asséna un si terrible coup de bâton sur la tête, que le bâton se brisa.

Lescuyer tomba étourdi comme tombe un bœuf sous la massue.

Il avait roulé juste où l'on voulait qu'il fût.

Au pied de l'autel.

Alors les femmes, pour punir ces lèvres, qui avaient proféré le blasphême révolutionnaire de *Vive la liberté !* lui découpèrent les lèvres en festons, les hommes lui dansèrent sur le ventre, — l'écrasant, comme saint Etienne, à coups de pierre.

De ses lèvres sanglantes, Lescuyer criait :

— Par grâce, mes frères; — au nom de l'humanité, mes sœurs, — accordez-moi la mort !

C'était trop demander, on le condamna à suer son agonie.

Elle dura jusqu'au soir.

Le malheureux savoura la mort toute entière.

Voilà les nouvelles qui arrivaient à l'assemblée législative, en réponse au discours philantropique de Faucher.

Il est vrai que le surlendemain arrivait une autre nouvelle.

Duprat et Jourdan avaient été avertis de ce qui se passait.

Où trouver leurs hommes dispersés.

Duprat eut une idée, sonner, en manière de rappel, la fameuse cloche d'argent, qui ne sonnait qu'en deux occasions.

Le sacre des papes, — leur mort.

Elle rendait un son étrange, — mystérieux, rarement entendu.

Ce son produisit deux effets contraires.

Elle glaça le cœur des papistes et rendit le courage aux révolutionnaires.

Au son de cette cloche, qui sonnait un tocsin inconnu, les gens de la campagne sortirent de la ville, et s'enfuirent chacun dans la direction de sa demeure.

Jourdan, au son de cette cloche, réunit trois cents de ses soldats à peu près.

Il reprit les portes de la ville et y laissa cent cinquante hommes pour les garder.

Avec les cent cinquante autres, il marcha sur les cordeliers.

Il avait deux pièces de canon, il les braqua sur la foule, tira et tua au hasard.

Puis il entra dans l'église.

L'église était déserte, — Lescuyer râlait au pied de la vierge qui avait fait tant de miracles et qui n'avait pas daigné étendre sa main divine pour sauver ce malheureux.

On eut dit qu'il ne pouvait pas mourir, — ce lambeau sanglant qui n'était plus qu'une plaie, — s'acharnait à vivre.

On l'emporta ainsi par les rues, partout sur le passage, les gens fermaient leurs fenêtres en criant :

— Je n'étais pas aux Cordeliers !

Jourdan et ses cent cinquante hommes feraient désormais d'Avignon et de ses trente mille habitants, ce qu'ils voudraient, tant la terreur était grande.

Ils en firent, en petit, — ce que Marat et Panis, firent de Paris au 2 septembre.

On verra plus tard pourquoi nous disons Marat et Panis, et non pas Danton.

On égorgea soixante-dix ou quatre-vingt malheureux qu'on précipita par les oubliettes pontificales, dans la tour de la Glacière.

La tour *Trouillat,* — comme on dit là-bas.

Voilà la nouvelle qui arrivait et qui faisait oublier par de terribles représailles, la mort de Lescuyer.

Quant aux émigrés, que défendait Brissot, et auxquels il voulait qu'on ouvrît les portes de la France, voilà ce qu'ils faisaient à l'étranger.

Ils raccommodaient l'Autriche et la Prusse, et faisaient deux amis de ces deux ennemies nées.

Ils faisaient que la Russie défendait à

notre ambassadeur de se montrer dans les rues de Pétersbourg, et envoyait un ministre aux réfugiés de Coblentz.

Ils faisaient que Berne punissait une ville suisse, qui avait chanté le *Ça ira* révolutionnaire.

Ils faisaient que Genève, la patrie de Rousseau, qui avait tout fait pour cette révolution qui s'exécutait, dirigeait contre nous la bouche de ses canons.

Ils faisaient que l'évêque de Liége refusait de recevoir un ambassadeur français.

Il est vrai que les rois faisaient bien autre chose d'eux-mêmes.

La Russie et la Suède renvoyaient à Louis XVI, non décachetées les dépêches où il leur annonçait son adhésion à la Constitution.

L'Espagne refusait de recevoir ces mêmes dépêches, — mais répondait en livrant à l'inquisition, — un français qui n'échappait au san benito qu'en se tuant.

Venise, jetait sur la place Saint-Marc, le cadavre d'un homme, étranglé la nuit par ordre du conseil des Dix, avec ce simple écriteau : « Etranglé, comme franc-maçon. »

Enfin, l'empereur et le roi de Prusse, répondaient, mais répondaient par une menace.

— « Nous désirons, disaient-ils, que l'on prévienne la nécessité de prendre des précautions sérieuses, contre le retour des choses qui donnent lieu à de si tristes augures. »

Ainsi, guerre civile en Vendée, — guerre civile dans le Midi, — menace de guerre étrangère partout.

Puis, de l'autre côté de l'Atlantique, les cris de la population tout entière d'une île que l'on égorge.

Qu'est-il donc arrivé là-bas vers l'occident, quels sont ces noirs esclaves qui se lassent d'être battus et qui tuent.

Ce sont les nègres de Saint-Domingue,

qui prennent une sanglante revanche.

Comment les choses se passèrent-elles ?

En deux mots, comme pour Avignon, d'une façon moins prolixe, — pour Avignon, nous nous sommes laissés entraîner, — en deux mots, je vais vous le dire :

La Constituante avait promis la liberté aux nègres.

Ogé, un jeune mulâtre, un de ces cœurs braves, ardents, dévoués, comme j'en ai tant connu, avait repassé les mers emportant le décret libérateur, au moment où il venait d'être rendu.

Quoique rien d'officiel ne fût parvenu encore sur ces décrets, dans sa hâte de liberté, il somma le gouverneur de les proclamer.

Le gouverneur donna ordre de l'arrêter. — Ogé se réfugia dans la partie espagnole de l'île.

Les autorités espagnoles, — on sait comment l'Espagne était pour la révolution, les autorités espagnoles le livrèrent.

Ogé fut roué vif.

Une terreur blanche suivit son supplice. — On lui supposait nombre de complices dans l'île, les planteurs se firent juges eux-mêmes et multiplièrent les exécutions.

Une nuit, — soixante mille nègres se soulevèrent, les blancs furent réveillés par l'immense incendie qui dévoraient les plantations.

Huit jours après, l'incendie était éteint dans le sang.

Que fera la France, pauvre salamandre enfermée dans ce cercle de feu.

Nous allons le voir.

XIII

La Guerre.

Dans son beau et énergique discours, sur les émigrés, — Brissot avait clairement montré les intentions des rois, et le genre de mort qu'ils réservaient à la révolution.

L'égorgerait-on?

Non, — on l'étoufferait.

Alors, après avoir fait le tableau de la ligue européenne, après avoir montré ce cercle de souverains, les uns l'épée à main, arborant franchement l'étendard de la haine, — les autres, couvrant encore leur visage du masque de l'hypocrisie, jusqu'à ce qu'ils pussent le déposer.

Il s'était écrié :

— Eh bien, soit! non-seulement acceptons le défi de l'Europe aristocratique, mais prévenons-le, — n'attendons point qu'on nous attaque, — attaquons nous-mêmes.

Et à ce cri, un immense applaudissement avait répondu à l'orateur.

C'est que Brissot, plutôt homme d'instinct, qu'homme de génie, venait de répondre à la sainte pensée, à la pensée de dévouement qui avait présidé aux élections de 1791.

La guerre.

Non pas cette guerre égoïste que déclare un despote, pour venger une insulte faite à son trône, à son nom, ou au nom d'un de ses alliés, ou bien pour ajouter une province soumise à son royaume ou à son empire, — mais la guerre qui porte avec elle le souffle de vie, la guerre, dont les fanfares de cuivre disent partout où elles sont entendues :

— Levez-vous, — vous qui voulez être libres, — nous vous apportons la liberté !

Et en effet, le monde commençait à entendre comme un grand murmure, qui allait montant et grossissant, pareil au bruit d'une marée.

Ce murmure, c'était le grondement de trente millions de voix qui ne parlaient pas encore, mais qui rugissaient déjà, et ce rugissement, Brissot venait de le traduire par ces paroles :

— N'attendez pas qu'on nous attaque,
— attaquons nous-mêmes.

Du moment qu'à ces menaçantes paroles avait répondu un applaudissement universel, — la France était forte, non-seulement elle pouvait attaquer, mais encore elle devait vaincre.

Restaient les questions de détail, — nos lecteurs ont dû s'appercevoir, que c'est un livre historique et non un roman que nous faisons, nous ne reviendrons probablement jamais sur cette grande époque, à laquelle nous avons déjà emprunté : *Blanche de Beaulieu, le Chevalier de Maison-Rouge*, — et un livre écrit depuis trois ans, qui n'a pas encore paru, mais qui va paraître, — nous devons donc en exprimer tout ce qu'elle contient.

Nous allons néanmoins passer rapidement sur ces questions de détail, pour en arriver le plus promptement possible aux événements qui nous restent à raconter, et dans lesquels sont plus particulièrement mêlés les personnages de notre livre.

Le bruit des événements de la Vendée, des massacres d'Avignon, des insultes de l'Europe, retentit comme un coup de foudre dans l'Assemblée. — Le 20 octobre, Brissot, on l'a vu, se contentait d'une imposition sur les biens des émigrés. — Le 25, Condorcet condamnait leurs biens au sequestre et demandait d'eux le serment civique.

Le serment civique à des hommes se tenant hors de France et armés contre la France!

Deux hommes alors éclatèrent, et devinrent, l'un le Barnave, l'autre le Mirabeau de cette nouvelle Assemblée.

Vergniaud, — Isnard.

Vergniaud, une de ces douces, poétiques et sympatiques figures, comme en entraînent après elles les révolutions, était un enfant de la fertile Limoges;

doux, lent, affectueux plutôt que passionné, bien et heureusement né, — distingué par Turgot, intendant du Limousin, et envoyé par lui aux écoles de Bordeaux, — sa parole était moins âpre, moins violente que celle de Mirabeau, mais quoiqu'inspirée des Grecs et un peu surchargée de mythologie, moins prolixe, moins avocassière que celle de Barnave, ce qui constitua la partie vivace, influente de son éloquence, c'est la note humaine qui y vibrait éternellement à l'Assemblée, au milieu même des ardentes et sublimes colères des tribunes, on entendait toujours jaillir de sa poitrine l'accent de la nature ou de la pitié, chef d'un parti aigri, violent, disputeur, il plana, éternellement calme et digne, au-dessus de la situation, même lorsque la situation fut mortelle : ses ennemis le disaient indécis mou, indolent, parfois ils demandaient où était son âme qui semblait absente, — ils avaient raison, son âme n'habitait en lui que lorsqu'il faisait un effort pour l'enchaîner dans sa poitrine, — son âme tout entière était dans une femme, elle errait sur les lèvres, elle transparaissait dans les yeux, elle vibrait dans la harpe, de la bonne, de la belle, de la délicieuse Candeille.

Isnard, — au contraire de Vergniaud, qui en était en quelque sorte le calme, — Isnard était la colère de l'Assemblée, né à Grasse, — dans ce pays des parfums et du mistral, il avait les fureurs violentes et soudaines de ce géant des tempêtes, qui du même souffle déracine les rochers et effeuille les roses : sa voix inconnue éclata tout-à-coup à l'Assemsemblée, comme un de ces tonnerres inattendus des premiers orages d'été, — au premier accent de sa voix, l'Assemblée entière frisonna, les plus distraits levèrent la tête, et chacun frémissant, comme Caïn à la voix de Dieu, fut prêt à dire :

— Est-ce à moi que vous parlez seigneur?

On venait de l'interrompre.

— Je demande, — s'écria-t il, — à

l'Assemblée, — à la France, au monde, à vous Monsieur, — et il désigna l'interrupteur, — je demande s'il est quelqu'un qui de bonne foi et dans l'aveu secret de sa conscience veuille soutenir que les princes émigrés ne conspirent pas contre la patrie, je demande en second lieu, s'il est quelqu'un dans cette assemblée, qui ose soutenir que tout homme qui conspire, ne doive pas être, au plutôt, accusé, poursuivi et puni.

S'il est quelqu'un, — qu'il se lève !

. . . .

On vous a dit que l'indulgence était le devoir de la force, que certaines puissances désarmaient, — et moi je vous dit qu'il faut veiller, que le despotisme et l'aristocratie n'ont ni mort ni sommeil et que si les nations s'endorment un instant, elles se réveillent enchaînées. — Le moins pardonnable des crimes est celui qui a pour but de ramener l'homme à l'esclavage ; — si le feu du ciel était au pouvoir des hommes, il faudrait en frapper ceux qui attentent à la liberté des peuples !

C'était la première fois que l'on entendait de semblables paroles. — Cette éloquence sauvage entraîna tout avec soi, comme l'avalanche qui descend des Alpes, entraîne arbres, troupeaux, bergers, maisons.

Séance tenante, on décréta :

Que si : Louis-Stanislas-Xavier, prince français, ne rentrait pas dans deux mois, il abdiquait son droit à la régence.

Puis le 8 novembre :

Que si les émigrés ne rentraient pas au 1ᵉʳ janvier ils seraient déclarés coupables de conspiration, poursuivis et punis de mort.

Et enfin le 29 novembre, — c'est le tour des prêtres.

Le serment civique sera exigé dans le délai de huit jours.

Ceux qui refuseront seront tenus suspects de révolte et recommandés à la surveillance des autorités.

S'ils se trouvent dans une commune où il survient des troubles religieux, le directoire du département peut les éloigner de leur domicile ordinaire.

S'ils désobéissent, ils seront emprisonnés pour un an au plus.

S'ils provoquent la désobéissance, pour deux ans.

La commune, où la force armée sera obligée d'intervenir, en supportera les frais.

Les églises ne serviront qu'au culte

salarié de l'État, celles qui n'y sont pas nécessaires, pourront être achetées pour un autre culte, mais non pour ceux qui refusent le serment.

Les municipalités enverront aux départements et ceux-ci à l'Assemblée, la liste des prêtres qui ont juré et de ceux qui ont refusé, avec des observations sur leur coalition entr'eux et avec les émigrés, afin que l'Assemblée avise aux moyens d'extirper la rébellion.

L'Assemblée regarde comme un bienfait les bons ouvrages qui peuvent éclairer la campagne sur les questions prétendues religieuses, elle les fera imprimer et récompensera les auteurs.

Nous avons dit ce qu'étaient devenus les constituants, autrement dits les constitutionnels, — nous avons dit dans quel but avaient été fondés les feuillants.

Leur esprit était parfaitement en harmonie avec le département de Paris.

C'était l'esprit de Barnave, de Lafayette, de Lameth, de Duport, de Bailly, qui était encore maire, mais qui allait cesser de l'être.

Ils virent dans le décret des prêtres, — décret disaient-ils, rendu contre la conscience publique, — Ils virent dans le décret des émigrés, — décret rendu contre les liens de famille, un moyen d'essayer du pouvoir du roi.

Le club des feuillants prépara et le directoire de Paris signa une protestation contre ces deux décrets, dans lequel on priait Louis XVI d'apposer son veto, au décret des prêtres.

On se rappelle que la Constitution réservait encore à Louis XVI ce droit de veto.

Qui signait cette protestation ? L'homme qui le premier avait attaqué le clergé, le Méphistophèles qui de son pied-bot avait cassé la glace, — Talleyrand.

L'homme qui depuis a fait de la diplomatie à la loupe, ne voyait pas toujours très-clair en révolution.

Le bruit du veto se répandit d'avance.

Les Cordeliers lancèrent en avant Camille Desmoulins, cet archer de la révolution, qu'on trouve toujours prêt à planter sa flèche en plein but.

Lui aussi fit sa pétition.

Mais, bredouilleur impossible, quand il s'agissait de prendre la parole, il chargea Fauchet de la lire.

Fauchet la lut.

Elle fut applaudie d'un bout à l'autre.

Il était impossible de manier la question avec plus d'ironie et d'aller en même temps plus à fond.

— Nous ne nous plaignons, disait le camarade de collége de Robespierre et l'ami de Danton, nous ne nous plaignons, ni de la Constitution, qui a accordé le veto, ni du roi qui en use, nous souvenant de la maxime d'un grand politique, de Machiavel :

« Si le prince doit renoncer à la souveraineté, la nation serait trop injuste, trop cruelle de trouver mauvais qu'il s'opposât constamment à la volonté générale ; parce qu'il est difficile et contre nature de tomber volontairement de si haut. »

« Pénétré de cette vérité, prenant exemple de Dieu même, dont les commandements ne sont point impossibles, nous n'exigerons jamais, du ci-devant souverain, un amour impossible de la souveraineté nationale, et nous ne trouvons pas mauvais qu'il oppose son veto, précisément aux meilleurs décrets.»

L'Assemblée, comme nous l'avons dit, applaudit, adopta la pétition, décréta l'insertion au procès-verbal, et l'envoi du procès-verbal aux départements.

Le soir, les Feuillants s'émeurent.

Beaucoup des membres du club, représentants à la législative, n'avaient point assisté à la séance.

Les absents de la veille, firent le lendemain invasion dans l'Assemblée.

Ils étaient 260.

On annula le décret de la veille, au milieu des huées et des sifflets des tribunes.

Ce fut la guerre, entre l'Assemblée et le club, qui s'appuya d'autant plus dès-lors sur les Jacobins représentés par Robespierre, sur les Cordeliers, représentés par Danton.

En effet, Danton apparaissait, sa tête monstrueuse commençait de s'élever au-dessus de la foule. — Géant Adamastor, il grandissait devant la royauté, et lui disait : — Prends garde, la mer snr laquelle tu navigues s'appelle la mer des tempêtes !

Puis, voilà tout-à-coup la reine qui vient en aide aux Jacobins contre les Feuillants.

Les haines de la reine, ont été à la révolution, ce que sont à l'Atlantique, les grains et les bourrasques.

La reine haïssait Lafayette, — Lafayette qui l'avait sauvée au 6 juin, qui avait perdu sa popularité pour la cour au 17 juillet.

Lafayette se présentait pour remplacer Bailly.

La reine, au lieu d'aider Lafayette, fit voter les royalistes pour Pétion.

Etrange aveuglement! pour Pétion, son brutal compagnon de voyage de Varennes.

Le 19 décembre, le roi se présente à la Chambre, il y vint apporter son veto, au décret rendu contre les prêtres.

La veille aux Jacobins, avait eu lieu une grande démonstration.

Un suisse de Neufchâtel, Virchaux, le même qui, au Champ-de-Mars, écrivait la pétition pour la République, venait apporter aux Jacobins, une épée de Damas offerte au premier général qui vaincrait les ennemis de la liberté.

Isnard était là, — il prit l'épée du jeune républicain, il s'élança à la tribune, la tira du fourreau, s'écriant :

— La voilà l'épée de l'ange exterminateur, elle sera victorieuse, la France poussera un grand cri et les peuples répondront, la terre alors se couvrira de combattants, et les ennemis de la liberté seront effacés de la liste des hommes!

Ezéchiel n'eut pas mieux dit.

L'épée tirée ne devait pas être remise au fourreau, une double guerre était déclarée à l'intérieur et à l'extérieur.

L'épée du républicain de Neufchâtel devait frapper d'abord le roi de France.

Puis, après le roi de France, les rois étrangers!

FIN DU TREIZIÈME VOLUME.

Sceaux. — Imp. de E. Dépée.

TABLE

DU TREIZIÈME VOLUME.

Chap. I.	Le champ de bataille.	1
II.	L'hôpital du Gros-Caillou.	23
III.	Catherine.	43
IV.	La Fille et le Père.	67
V.	La Fille et la Mère.	95
VI.	Où l'abbé Fortier exécute, à l'endroit de la mère Billot, la menace qu'il a faite à tante Angélique.	123
VII.	Où l'abbé Fortier voit qu'il n'est pas toujours si facile qu'on le croit de tenir la parole donnée.	147
IX.	Billot député.	179
X.	Aspect de la nouvelle chambre. . . .	207
XI.	La France et l'étranger.	233
XII.	La France et l'étranger. (*Suite.*) . .	263
XIII.	La Guerre.	297

Imp. de E. Dépée, à Sceaux (Seine.)

Ouvrages d'Eugène Sue.

La Famille Jouffroy.	7 vol.
Mémoires d'un mari	4 vol.
Fernand Duplessis.	6 vol.
Gilbert et Gilberte	7 vol.
La marquise d'Alfi	2 vol.
L'Institutrice	4 vol.
Les Enfants de l'Amour	4 vol.

Ouvrages d'Alexandre Dumas.

Les Mohicans de Paris	6 vol.
Catherine Blum	2 vol.
Vie et aventures de la princesse de Monaco.	5 vol.
El Saltéador.	3 vol.
Souvenirs de 1830 à 1842	4 vol.
Un Gilblas en Californie	2 vol.
Les Drames de la Mer.	2 vol.
Le Pasteur d'Ashbourn.	8 vol.
Conscience	5 vol.
Olympe de Clèves	9 vol.
La Comtesse de Charny.	16 vol.
Le Trou de l'Enfer	4 vol.
Dieu dispose	6 vol.
La Femme au collier de velours	2 vol.
Histoire d'une colombe	2 vol.
Ange Pitou	8 vol.
Le Collier de la reine	11 vol.
Le Véloce.	4 vol.
Mariages du père Olifus.	5 vol.
Les mille et un fantômes	2 vol.
La Régence	2 vol.
Louis XV.	5 vol.
Louis XVI.	5 vol.
La comtesse de Salisbury	6 vol.

Fontainebleau, imp. de E. Jacquin.

www.ingramcontent.com/pod-product-compliance
Lightning Source LLC
Chambersburg PA
CBHW060509170426
43199CB00011B/1384